Ezzelino von Wedel
Als Jesus sich Gott ausdachte

Alles, was der Vater hat, das ist mein.

Johannes 16,15

Tabus des Christentums

Herausgegeben
von Wolfgang Teichert

Ezzelino von Wedel

Als Jesus sich Gott ausdachte

*Die unerwiderte Liebe
zum Vater*

Kreuz Verlag

CIP-Titelaufnahme der Deutschen Bibliothek
Wedel, Ezzelino von:
Als Jesus sich Gott ausdachte: die unerwiderte Liebe zum Vater
/ Ezzelino von Wedel. – 1. Aufl., (1. – 8. Tsd.). Stuttgart: Kreuz-
Verl., 1990
    (Tabus des Christentums)
    ISBN 3-7831-1011-4

© by Dieter Breitsohl AG
Literarische Agentur Zürich 1990
Alle deutschsprachigen Rechte
beim Kreuz Verlag Stuttgart
1. Auflage (1.–8. Tausend)
Kreuz Verlag Stuttgart 1990
Umschlaggestaltung: Jürgen Reichert, Kornwestheim
Umschlagbild: Michelangelo, »Die Erschaffung der
Gestirne und der Vegetation«, Ausschnitt aus der
Sixtinischen Kapelle im Vatikan, Foto: SCALA, Florenz
Autorenfoto: Foto-Görtz, Bremen
Satz: Fotosatz J. Kranzbühler, Waldenbuch
Druck und Bindung: Wilhelm Röck, Weinsberg
ISBN 3 7831 1011 4 X

Inhalt

Einleitung   7

Erster Teil: Der Vater läßt auf sich warten   11

Jeder Sohn hat »seinen« Vater   15
Wer hat Angst vor Projektionen?   19
Der Sohn redet, der Vater schweigt   22
Auferstehung:
    Die christliche Unfähigkeit zu trauern   27
Falsche Stammbäume   31
Wer den Vater hat, hat die Macht   34
Sinnhunger und Schuld   36

Zweiter Teil: Wer bist du, Vater?   39

Der Vater geht, die Mutter kommt   43
Wo bleibt die Mutter?   46
Wer sucht, hat etwas verloren   51
Suche, Sucht und Sehnsucht   55
Josef: Ein Vater, der nichts zu sagen hat   65
Der Vater ist tot – es lebe der Vater   72

Dritter Teil: Die Mutter   75

Verloren: Der erste Machtkampf   78
Von Pflanzen und Menschen   84

Gefunden: Der zweite Machtkampf   89
Patt: Die Hochzeit zu Kana   93
Der Sohn zwingt den Vater, Mensch zu werden   98
Kann der Vater vor seinen Söhnen bestehen?   105
Späte Annäherung   108
Pietà in schrägem Licht   110

Vierter Teil: Erbschaften   113

Der Sohn adoptiert den Vater   118
Karneval der Sünder   122
Gottvater: Dem Sohn aus dem Gesicht geschnitten   128
Tabu und Identität   132

Epilog   139

Anmerkungen   143

Einleitung

Seit Albert Schweitzer 1906 seine epochale »Geschichte der Leben-Jesu-Forschung« veröffentlichte, hat sich in der Theologie die Auffassung durchgesetzt, man könne kein Leben Jesu mehr schreiben. Die Ergebnisse der neutestamentlichen Wissenschaft seither scheinen dieses Urteil zu bestätigen.

Die Evangelien zerbröseln unter den Händen der Exegeten: hier ein Gleichnis, dort Gemeindetheologie, hier notdürftig zusammengefügte Spruchreihen, dort jesuanische Wortfetzen. Der theologische Mörtel, der das disparate Material zusammenhält, gilt als späteres Konstrukt. Die Evangelisten hätten einen zeitlichen Rahmen gezimmert, der dem überlieferten Stoff den Anschein einer Biographie, eines nachvollziehbaren Werdeganges verleihen sollte. Darüber wölbe sich ihre theologische Deutung, die den biographischen Augenschein um eine religiöse Dimension vertiefe.

Im Gegensatz zu manchem anderen halte ich die Ergebnisse der historisch-kritischen Forschung für eine große theologische Leistung. Indem sie zeigen, wie die urchristliche Theologie Schritt für Schritt entstand, nötigen sie uns dazu, Stellung zu beziehen, ob wir diese Theologie einfach übernehmen und nachsprechen können. Sie werfen uns auf uns selbst zurück – auf die Aufgabe, selber theologisch zu deuten, statt immer nur andere, alte Deutungen zu konsumieren.

Ich teile die Ansicht der Exegeten, die meinen, man könne kein Leben Jesu rekonstruieren. Aber diese Aussage gilt lediglich im historischen Sinn. Historisch wissen wir über Jesus zu wenig und über das Neue Testament zu viel, um eine objektive Biographie des Galiläers zu schreiben.

Dieser Mangel ist die Voraussetzung aller Theologie. In ihr geht es in erster Linie um subjektive Aussagen, nicht um objektive. Diesen Mangel bewußt gemacht und das Feld für produktive Theologie endlich freigeräumt zu haben, ist das große Verdienst der historisch-kritischen Forschung.

Ich habe in diesem Buch den Versuch unternommen, das Leben Jesu unter einem einzigen Gesichtspunkt zu rekonstruieren: Ich lese seine Biographie als das Drama zwischen einem Sohn und seinem Vater.

Die Beschränkung auf diese Perspektive ist gewollt. Ich behaupte nicht, daß meine Deutung wiedergibt, wie es in Wirklichkeit gewesen ist. Mir geht es lediglich darum, das überlieferte Material unter diesem Gesichtspunkt zu lesen und zu deuten.

Schon lange bevor ich mich an die Arbeit machte, hat mich dieses Thema beschäftigt – in welchem Ausmaß, das wurde mir erst beim Schreiben deutlich. Über den Umweg der Auseinandersetzung mit einer zweitausend Jahre alten Gestalt lernte ich nicht nur, Jesus anders zu sehen, ich fing auch an zu begreifen, warum es mich immer wieder zu seiner Geschichte hingezogen hat. Die Beziehung Jesu zu seinem Vater war der Brennpunkt meines Interesses, weil ich die Beziehung zu *meinem* Vater klären wollte. Aber über dieses persönliche Anliegen hinaus geht es mir in diesem Buch auch darum, gegen eine Theologie anzuschreiben, die den Bruder Jesus verrät, indem sie sich vorschnell auf die Seite des Vaters schlägt, die herrschen, aber nicht leiden will. Dagegen halte ich den johanneischen Ausspruch: »Wer mich sieht, sieht den Vater.« Gott ist anwesend in der leidenschaftlichen und leidensbereiten Hoffnung des Sohnes, und wenn überhaupt etwas für den Vater spricht, dann nur dies, daß Jesus, der Sohn, bis zuletzt an ihm festgehalten hat.

Erster Teil

Der Vater läßt auf sich warten

Das Neue Testament erzählt die Geschichte von einem Sohn und seinem Vater. Das ist das Hauptthema. Zwar haben jene Theologen recht, die darauf hinweisen, daß die Verkündigung des Reiches Gottes im Mittelpunkt der Lehre Jesu steht, nicht der Vater. Aber das Reich Gottes ist das universale Sinnbild für die Anwesenheit und unmittelbare Nähe Gottes. Erst wenn der Vater da ist, ist das Reich Gottes da. Ohne ihn gerät die Welt aus den Fugen, ohne den Vater ist nichts, wie es sein sollte. Denn nur er kann die heile Welt herstellen.

Wenn der Vater kommt, verschwindet das Böse, und mit ihm die böse Welt. Kein Feind, weder draußen noch in uns, lauert uns auf, um uns zu verletzen, zu verwirren oder zu demütigen.

Wenn der Vater kommt, verschwindet die Angst. Die verkümmerten, eingeschüchterten, unterdrückten Impulse wagen sich aus ihren Verstecken, um endlich ins Leben einzutreten.

Wenn der Vater kommt, verschwindet die Ohnmacht. Väterliche Kraft überwindet unsere Schwäche; wir fühlen uns stark und könnten Berge versetzen.

Wenn der Vater endlich angekommen ist, wird die Welt heimatlich und bewohnbar, ein Ort der Geborgenheit und der Wärme.

Aber der Vater ist nicht da. Er läßt auf sich warten. Eine Generation nach der anderen wartet und hofft. Die einzige Nachricht, die es von ihm gibt, heißt: Er wird ganz gewiß kommen, bald, morgen, vielleicht sogar schon heute.

Jesus ist ein Sohn, der leidenschaftlich und ungeduldig auf seinen Vater gewartet hat. Nicht auf den leiblichen, sondern auf Gottvater, genauer auf »seinen« Vater.

Wer war sein Vater?

Mit zweitausend Jahren christlicher Dogmatik und Glaubensgeschichte im Rücken scheint diese Frage nicht mehr sehr produktiv zu sein. Sie führt entweder in ein wüstes exegetisches Dickicht, wie man die neutestamentlichen Titel »Sohn Gottes«, »Messias« und »Menschensohn« zu verstehen habe, mit denen die Urchristen Jesus schmückten. Oder sie mündet in die grundsätzliche Glaubensfrage, ob man sich zur Gottessohnschaft Jesu bekenne oder nicht.

Über Jesu leiblichen Vater wissen wir wenig, noch nicht einmal, ob es Josef oder ein anderer war, dessen Liebe zu Maria von den keuschen Taubenflügeln des Heiligen Geistes zugedeckt wird. Viel spricht dafür, daß Jesus ein unehelicher Sohn war und daß seine Suche nach dem Vater, der die Welt heilt und heiligt, damit zu tun hat.

Aber mehr als Vermutungen über Jesu leiblichen Vater bleibt uns nicht. Josef, diese auf den ersten Blick so gütige und selbstlose Vaterfigur, ist aller Wahrscheinlichkeit nach zwischen dem zwölften und dem dreißigsten Lebensjahr Jesu gestorben. Was wir hingegen wissen, was wir lesen können, ist, daß Jesus, soweit wir von ihm aus den Zeugnissen des Neuen Testament hören, von nichts so durchdrungen war wie von der Sehnsucht nach Nähe und Anwesenheit »seines« Vaters. Von ihm erwartete er alles, auch das, was ein Sohn üblicherweise von seiner Mutter erwartet: Geborgenheit, Wärme, heimatliche Vertrautheit.

Aber dieser Vater ließ auf sich warten. Er antwortete nicht auf Jesu Gebete und Bitten, auf das heimwehkranke »Dein Reich komme«. Er reagierte auch dann nicht, als Jesus die baldige Ankunft des Vaters verkündete, und erst recht nicht, als Jesus seine Jünger aussandte, um die Menschen zur schnellen Umkehr zu bewegen, bevor die neue Welt einbrechen würde.

Der Vater schwieg und wartete ab. Er half seinem Sohn nicht, als der die unruhige Wanderschaft abbrach und nach Jerusalem ging, um eine Entscheidung herbeizuzwingen, um seinen Vater zum Handeln zu provozieren. Er antwortete seinem Sohn nicht, als der in Todesangst im Garten Gethsemane nach ihm rief. Er ließ seinen Sohn in den Tod gehen und blieb auch dann stumm, als Jesus am Kreuz seine Verzweiflung herausschrie.

Das Drama zwischen Jesus und seinem Vater besteht in dieser herzergreifenden, tragischen Einseitigkeit. Der Sohn verzehrt sich nach dem Vater, der Vater aber schweigt, bis sein Sohn verblutet.

Jeder Sohn hat »seinen« Vater

Wir lesen, hören und erzählen das Vater-Sohn-Drama Jesu immer nur aus der Perspektive des Vaters. Es geht schließlich darum, den Vater und seine übergeordneten Gesichtspunkte zu verstehen. Schließlich warten ja auch wir auf seine Ankunft, auf sein Reich der Liebe und der Gerechtigkeit. Schon die Evangelien und die neutestamentlichen Briefe nehmen diese Perspektive ein, ganz zu schweigen von allen späteren Theologien.

Die nachgeborenen Theologensöhne identifizieren sich mit dem Vater, nicht mit dem Sohn, und betrachten die Geschichte vom übersichtlichen Aussichtsturm theologischer Systematik, von oben also. Da stellt sie sich dann etwa so dar: Gott, der heilige Urvater und Schöpfer aller Dinge, der Gott Abrahams, Isaaks und Jakobs, der Hüter und König Israels, war schwer gekränkt, daß bereits seine ersten Kinder, Adam und Eva, und nach ihnen alle übrigen ihm den Gehorsam verweigerten und seine Gebote nicht befolgten. Nur ein Sühneopfer konnte Gott aus dem Würgegriff dieser Kränkung befreien und seine Liebesfähigkeit wiederherstellen.

So entschloß er sich, seinen eigenen Sohn zu schlachten und die Sühnewirkung dieses Opfers der gesamten Menschheit anzurechnen. Zu diesem Zweck verließ der präexistente Sohn Jesus Christus, der den Plan seines

Vaters kannte und billigte, freiwillig das himmlische Va-
terhaus, wurde Mensch und ließ sich hinrichten. Nachdem er in vollendetem Gehorsam seine Todesmission
erfüllt hatte, kehrte er als Auferstandener triumphal
nach Hause zurück.

Nun war Gottes Zorn gesühnt, die Kränkung wegge-
macht, Gottes Liebesfähigkeit wiederbelebt. Wer an
diese Geschichte glaubt, ist erlöst.

Etwas eleganter und inniger formuliert der heilige
Hippolyt das klassische christliche Bekenntnis:

»Gott, wir danken dir
durch deinen geliebten Sohn, Jesus Christus,
den du in dieser Endzeit als Retter, als Erlöser
und als Boten deines Willens gesandt hast.
Er ist dein Wort, untrennbar mit dir verbunden;
durch ihn hast du alles erschaffen,
und an ihm hast du dein Wohlgefallen gefunden.
Ihn hast du vom Himmel gesandt,
in den Schoß einer Jungfrau:
Empfangen und Fleisch geworden,
hat er sich als dein Sohn geoffenbart,
geboren aus dem Heiligen Geist
und der Jungfrau Maria.
Um deinen Willen zu erfüllen
und dir ein heiliges Volk zu erwerben,
hat er die Arme ausgebreitet am Holz des Kreuzes,
um alle zu erlösen, die an dich glauben.
Freiwillig nahm er das Leiden auf sich,
um den Tod zu vernichten

und die Ketten des Widersachers zu sprengen,
um die Hölle zu überwinden
und die Gerechten zu erleuchten,
um den Neuen Bund zu schließen
und seine Auferstehung kundzutun.«[1]

So sehen Leben, Leiden und Sterben Jesu aus der Perspektive des Vaters aus. Aber welcher Vater ist das? Der Vater Jesu, den er »seinen« Vater nannte? Oder der Vater der Theologensöhne, die seit zweitausend Jahren versuchen, das Drama zwischen Jesus und seinem Vater zu deuten, zu erklären, zu verwalten und in Heil umzumünzen?

Die Frage weist auf den Kampf der Söhne um den Vater, genauer: um das richtige Vaterbild. Auch wenn inzwischen zwei Jahrtausende ins Land gegangen sind, ist dieser Kampf heute alles andere als belanglos und passé. Denn das, was wir heute unter Vater und Väterlichkeit verstehen, verdankt sich zu einem großen Teil jenen Ur- und Vorbildern, die damals entworfen und tradiert wurden.

Hinter den Vätern, die uns erzogen oder vernachlässigten, die uns wollten oder nur hinnahmen, die uns begleiteten oder zu früh starben, verbirgt sich »der« Vater schlechthin, Gott-Vater, wie ihn das Christentum hervorgebracht hat. Er ist das Urbild aller Väterlichkeit, und je nachdem, welches religiöse Vaterbild propagiert wird, verändert sich die Definition dessen, was als väterlich gilt und was nicht. Wer ist dieser Urvater?

Das ist die zentrale Frage dieses Buches. Es entfaltet diese Frage aus der Perspektive von unten. Von unten, das bedeutet nicht: aus sozialen, ökonomischen oder politischen Gesichtspunkten. Sondern es liest die neutestamentliche Vater-Sohn-Geschichte in aller Beschränkung einzig und allein aus der Sehnsucht Jesu nach einem, nach seinem Vater. Wobei die Betonung auf dem Besitzwort »seinem« liegt.

Jesus, so die These, überträgt seine unerfüllte Sehnsucht nach einem leiblichen, echten Vater auf Gott. Er verleiht Gott die Züge eines Ideal-Vaters, so wie er, Jesus, sich einen Idealvater vorstellt. Insofern ist Gott »sein« Vater, auch wenn Jesus sein Gottesverständnis in die alttestamentliche Tradition einreiht.

Gott, wie er ihn beschreibt und umschreibt, erzählend erfindet und erfinderisch erzählt, ist seine ureigenste Schöpfung, seine Projektion, sein Projekt, auf das er sich in atemraubender Kühnheit mit Haut und Haaren einläßt. So gesehen ist Jesus, als Erfinder, der Vater seines Vaterbildes, und der, den wir als Christen und gehorsame Jünger »Vater unser« nennen, der Sohn. Diese Art Genealogie ist jedem Künstler vertraut; seine Schöpfungen, seine Bücher, Bilder und Kompositionen entläßt er als seine Kinder in die Welt, ohne auf ihre Entwicklung und Wirkung Einfluß nehmen zu können.

Wenn wir Jesu Gleichnisse lesen, in denen er den Vater in den buntesten, verschiedensten Bildern und Verwandlungen auftreten läßt, erfahren wir auf diesem Umweg, was in ihm angelegt war an Gefühlsreichtum,

Erfindungskraft, Phantasie, Kühnheit und Liebe. All das hat er dem Vater vererbt, indem er es auf Gott projiziert.

Wer hat Angst vor Protektionen?

Es ist ein Unterschied, ob ein Durchschnittstheologe Bilder und Metaphern für Gott erfindet oder ob eine Urgestalt wie Jesus dies tut. An Jesus den Befreier und Erlöser hat man sich gewöhnt, ebenso an den Prediger und den Religionsstifter, an Jesus den Sohn Gottes erst recht. Jesus der Erfinder, Gottesfabulierer und religiöse Bilderproduzent harrt seiner Entdeckung. Er hat mit seiner unerschöpflichen Phantasie dem Bild von Gott als Vater zum weltweiten Durchbruch verholfen. Zwar kennt auch das alttestamentliche Judentum den väterlichen Gott. Aber nirgendwo in der Bibel rückt die Vater-Sohn-Beziehung als Bild für das Verhältnis zwischen Mensch und Gott derart in den Mittelpunkt wie in der religiösen Bilderwelt Jesu.

Kein Zweifel, Jesus projiziert den Vater auf Gott und erschafft eine neue Möglichkeit, sich Gott vorzustellen und mit ihm in Beziehung zu treten.

In der Theologie hat der Begriff »Projektion« kein gutes Renommee, denn er bedroht einen ganzen Berufsstand mit Arbeitslosigkeit. Seit Ludwig Feuerbach im vorigen Jahrhundert Gott als die Projektion menschlicher Wünsche und Sehnsüchte beschrieb, haftet seiner Theorie etwas Aufrührerisches, Glaubensfeindliches an. Kein Wunder, er meinte, in der Religion bete der Mensch auf dem Umweg über Gott letztlich nur sich selbst an – er projiziere die Unendlichkeit des menschlichen Wesens auf das, was er Gott nenne. Theologie sei nichts anderes als Anthropologie. Wer das einmal erkannt habe, brauche weder Kirche noch Priester noch Theologie.

Klar, daß die Theologen aufschreien – wer möchte schon gern für überflüssig erklärt werden. Allerdings – Feuerbachs Projektionsthese als glaubensfeindlich und häretisch zu verurteilen bedeutet, die Welt in zwei Bereiche aufzuspalten. Der eine ist der »nur« menschliche, in dem sich alles tummelt, was das höchste Genie und der tumbeste Dummkopf jemals hervorgebracht haben: vom plattesten Stammtischgegröhle bis zur Einsteinschen Relativitätstheorie. Der andere Bereich liegt irgendwo draußen, im »ganz Anderen« der Transzendenz. Irgendwann entschloß sich das »ganz Andere«, ins menschliche Diesseits einzutreten, so wie ein Mann sich entschließt, in ein Wirtshaus einzutreten. »Hier drinnen ist die Luft sehr schlecht«, sagt er, »aber ich bringe frische Luft herein.« Das nennt man in der klassischen Theologie Offenbarung.

Feuerbach wirft die Frage nach dem Verhältnis von Diesseits und Jenseits, von Transzendenz und Immanenz neu auf – nicht im Sinne eines Drinnen/Draußen, das Mensch und Gott spaltet. Sondern in dem Sinne, daß Gott und Mensch ununterscheidbar ineinander verwachsen sind, ohne daß eins im anderen aufginge und sich verlöre.

Göttliches und Menschliches sauber auseinanderhalten zu wollen ist ein zwar verständliches, aber unsinniges Unterfangen: Gott in Reinkultur kennen wir nicht, und was der Mensch genau ist, wissen wir erst recht nicht. Je mehr er sich selber erforscht, um so rätselhafter wird er sich. Was mit dem lapidar einsilbigen Wort Gott benannt wird, das tiefste Geheimnis des Seins, begegnet nur in und durch Menschen.

Die Fähigkeit zu projizieren bedeutet, sich ein Bild zu machen. Die jüdische Religion verbietet es dem Menschen, sich ein Bild zu machen. Umsonst. Niemand hat sich daran gehalten, weder die Erzähler des Alten Testaments, die in orientalischem Bilderreichtum schwelgen, noch die Propheten noch die Priester noch Jesus selbst, der bekanntlich ja auch Jude war. Es geht nicht ohne Bilder. Das Transzendente bleibt unheimlich und fern, wenn es nicht in Bilder des Vertrauten und Bekannten gekleidet wird.

Wenn man darin nicht etwas Glaubensfeindliches sieht, Götzenproduktion oder dergleichen, sondern im Gegenteil die Voraussetzung jeder schöpferischen Tätigkeit (Religion *ist* schöpferische Tätigkeit), dann öffnet sich ein neues Verständnis dessen, was Jesus meinte, wenn er von »seinem« Vater sprach. Die übliche Glaubensperspektive suggeriert ja, dieser Gottvater sei von

Ewigkeit zu Ewigkeit schon immer dagewesen, nur habe er einer Art Versteckspiel gefrönt und sein wahres Wesen verborgen – bis er sich um die Zeitenwende entschloß, Ernst zu machen, das Spiel zu beenden, Mensch zu werden und sich zu zeigen, wie er wirklich ist und eigentlich auch schon immer war. Aber diese Figur »Gottvater« gibt es erst, seit der geniale Erzähler Jesus sie erschaffen hat. Wie dann die nachfolgenden Generationen diese urheberrechtlich ungeschützte Figur agieren ließen, darauf konnte er keinen Einfluß nehmen.

Der Sohn redet, der Vater schweigt

Das tief Anrührende der Evangelien ist Jesu Sehnsucht nach seinem Vater, nach dessen Nähe und Anwesenheit.

Wie viele Söhne, die sich nach einem Vater gesehnt haben, mögen Jesus unbewußt beneidet haben um das ungeheure Privileg, Gott zum Vater zu haben, um die Vertrautheit, die Intimität und Wärme, mit der er von seinem Vater spricht. Wie viele Söhne mögen in naiver Glaubensfrömmigkeit gedacht haben, diese Nähe zum Vater sei gleichsam objektive, wirkliche, reale Nähe gewesen.

Aber das war sie nicht, jedenfalls nicht im vordergründigen Sinn. Es war vielmehr eine Nähe, wie sie ein

Dichter zu seinen Figuren empfinden mag, allerdings aus früher, tiefer Enttäuschung geboren und aufgeladen mit leidenschaftlicher Sehnsucht. In dieser fiktiven Weise war es wirkliche Nähe. Die Nähe eines unsichtbaren Menschen kann um vieles realer empfunden werden als die eines real vorhandenen. Fiktionen, aus tiefen Wünschen geboren, können das sogenannte Reale zur grauen Irrealität reduzieren, wie jede heftige Leidenschaft lehrt.

Und wann ist ein realer Vater jemals so lebensecht, wirkungsvoll und überzeugend geschildert worden wie jener fiktive, den Jesus sich erfand?

Aus dieser ungestillten Sehnsucht nach einem Vater, den er zu Hause nicht hatte, verläßt er seine Familie, seinen Beruf, sein Dorf und begibt sich auf die Suche. In der Wüste, fern von allen Menschen, nur sich und seiner Abgründigkeit ausgeliefert, begegnet er dem Vater als einer geheimnisvollen Wirklichkeit, die seine Wunden heilt, seine Verlorenheit aufhebt und ihn zum Sohn macht, der des Vaters baldige Ankunft verkünden soll.

Aus der Sehnsucht nach der väterlichen Welt, in der es kein Leid mehr geben wird, erzählt er seine Gleichnisse und erzeugt durch sie, wenn auch nur auf fragilste Weise, Vater-Wirklichkeit.

Aus dieser Sehnsucht nach der endgültigen, ewigen Anwesenheit des Vaters wächst ihm, dem Vaterbedürftigen, die Kraft, Bedürftige und Kranke zu heilen und sie so Anteil haben zu lassen an seiner Vater-Vision.

Aus der Erinnerung an frühes Leid und Verlorenheit

sucht er die Nähe von Menschen, in denen ähnliche Sehnsüchte brennen: Ausgestoßene, Verworfene, Zarte, Suchende, Kinder...

Er will seinen Vater zur Ankunft provozieren. Er kündigt ihn ungeduldig an, er bereitet gleichsam seine Ankunft vor, er entfacht seine eigene Sehnsucht und Liebe in den anderen, schwört sie auf seinen Vater ein, schreckt nicht davor zurück, sie unter Druck zu setzen und in tiefe Loyalitätskonflikte zu stürzen, damit Gott höre und sehe, daß nicht nur der Sohn, sondern alle auf ihn warten, damit Gott, von so vielen unter Druck gesetzt, *seine* Loyalität zu beweisen, endlich komme und die Sonne seines Reichs aufgehen lasse. Wie ein Sohn, der sich seinem Vater angleicht, seine Kleider trägt, seinen Gang imitiert, sein Vokabular übernimmt, so imitiert Jesus »seinen« Vater, indem er wie Gott auftritt: heilend, tröstend, richtend, drohend und verheißend. Aber Gott schweigt. Er kommt nicht.

Was muß ein Sohn alles tun, um seinen Vater zu erreichen? Um ihn zu erweichen, um ihn zum Sprechen zu bringen? Warum schweigen die Väter, wenn sie von den Söhnen befragt und provoziert werden? Warum schrecken sie vor den starken Gefühlen ihrer Söhne zurück? Warum entziehen sie sich immer dann, wenn ihre Söhne sie brauchen? Warum wollen sie in Wirklichkeit immer nur schwache Söhne, auch wenn sie das Gegenteil beteuern und vor aller Welt sagen: »Dies ist mein lieber Sohn, an dem ich Wohlgefallen habe.«?

Als hätte Jesus irgendwann gespürt, daß auch sein

herrlicher Vater Schwäche und nicht konkurrierende Gleichrangigkeit braucht, willigt er schließlich in die Folgen ein. Seine Verkündigung hat Gott nicht bewegen können, sich zu zeigen. Seine Heilungen auch nicht. Der starke Jesus, rechter Stellvertreter des Vaters, dessen Macht und Herrlichkeit der Sohn zeichenhaft andeutet, kann den Vater nicht zum Kommen bewegen. Auch die gläubigen Massen, die Freunde, die Frauen, die Jünglinge, die heimlichen und unheimlichen Anhänger Jesu beeindrucken den Vater nicht.

Plötzlich wird Jesus unsicher. Die alte Frage: Wer bin ich? bricht aus. Er stellt sie sich und seinen Jüngern. Er spricht von Leiden, von Schuld, als erhebe er gegen sich selbst Anklage, als müsse er für etwas sühnen, an dem er selber keine Schuld trägt.

Er entschließt sich, einen anderen, den Weg des Leidens zu gehen. Er unterwirft sich. Sein Vater will nicht, daß er, der Sohn, lebe, daß es dem Sohn so ergehe, wie Jesus noch vor kurzem in einem Gleichnis erzählt hatte. »Dieser mein Sohn war tot und ist wieder lebendig geworden«, ließ er den Vater im Gleichnis vom verlorenen Sohn jubeln. Aber das war nur ein Gleichnis. Nun geht es umgekehrt zu. Der wirkliche Sohn war lebendig, offensichtlich zu lebendig. Jesus entschließt sich, den Opfergang zu gehen und freiwillig zu sterben, in der Hoffnung, auf diesem Wege das Herz des Vaters zu erweichen. Seine Leidenschaft für den Vater verwandelt sich in reine Passion. Jetzt identifiziert er sich mit der Gestalt des Gottesknechtes, wie Jesaja sie gezeichnet hat:

Bedrängt ist er, gebeugt,
Und öffnet nicht den Mund,
Wie ein Lamm zur Schlachtbank hingeführt,
Wie das Schaf verstummt vor seinen Scherern,
Und öffnet nicht den Mund.
(Jesaja 53,7)

Er geht nach Jerusalem und provoziert die selbst-gewollte Katastrophe, Verfolgung und Verrat. Er schwört seine Jünger auf die Unausweichlichkeit der Ereignisse ein und provoziert damit ihr Unverständnis und seine Verlassenheit.

Im Garten Gethsemane bittet er den Vater, ihn vor dieser Verzweiflungstat zu verschonen, ihn leben zu lassen, obwohl er ahnt, daß weder Gebet noch Todesangst den Vater anrühren. Er hat recht: Der Vater schweigt, und dieses Schweigen hört Jesus als Antwort – er soll sich töten lassen.

Immer noch glaubt er, in aller Verlassenheit nicht verlassen zu sein. Zwar sind seine Anhänger und Freunde geflohen, aber der Vater ist bei ihm, auch wenn er nicht antwortet und nicht eingreift.

Auferstehung:
Die christliche Unfähigkeit zu trauern

Wir sind gewohnt, die Berichte über die letzten Tage Jesu von dem guten Ende her zu lesen, das uns als »Auferstehung« überliefert wird. Dieses geheimnisvolle Ereignis, wie immer wir es interpretieren, naturalistisch, psychologisch, theologisch oder als schlichte Halluzination, suggeriert, das Leiden dieses gottverlassenen, verzweifelten Mannes hätte im nachhinein doch einen tieferen Sinn. Jesus mußte sterben, lautet das generelle theologische Fazit, nur die Begründungen unterscheiden sich. Damit Gott entsühnt werde, heißt eine Antwort. Damit die Schriften erfüllt werden, eine andere. Oder: damit Adams Ursünde rückgängig gemacht werde. Oder: damit der Tod besiegt werde.

Auch Jesus glaubte an ein »Damit«. Ohne diesen Glauben, daß sein blutiger Leidensweg einen nur vom Vater gewußten Sinn hat, wäre er unter der Last seiner Passion seelisch zusammengebrochen, so wie er unter der Last der Kreuzes körperlich zusammenbrach.

Am Schluß hat er nur noch wie ein Tier geschrien. Das überliefern uns die Evangelisten Markus und Matthäus. Der spätere Lukas streicht diesen Todesschrei und läßt Jesus statt dessen rufen: »Vater, in deine Hände befehle ich meinen Geist.« Das ist der gehorsame Sohn, und noch gehorsamer wird er von Johannes, dem spätesten Evangelisten, geschildert. Der johanneische Christus schreit nicht, sondern spricht die erhabenen Worte: »Es ist vollbracht.«

Aber es ist eines, ob Jesus an einen göttlichen Sinn seiner entsetzlichen Folterung und Agonie glaubte. Es gibt für mich nichts Erschütternderes im Neuen Testament als diese unerschütterliche Hoffnung, den Vater zu erreichen und es ihm bis zum Äußersten recht zu tun.

Etwas anderes ist es, wenn Christen, Theologen und Gläubige die sinnstiftende Perspektive der jesuanischen Vatersehnsucht verlassen und die Perspektive Gottes einnehmen. Bei diesem verlockenden und risikolosen Manöver verlieren sie aus dem Auge, daß Jesus seinen Leidensweg nicht vom Hochsitz theologischer Nachdenklichkeit herab betrachtete, sondern verzweifelt alles auf eine Karte setzte: auf »seinen« Vater, auf ein höchst subjektives, im Wortsinne lebensgefährliches Projekt. Er konnte sich nicht ins Netz feinmaschig gesponnener Sinnkonstrukte fallen lassen. Für ihn ging es nicht um Sinn oder Unsinn, sondern um Leben oder Tod. Dies zu ignorieren hieße, unter der Hand einer Täuschung zu erliegen, ja sie selber zu inszenieren: Aus dem subjektiven Vater-Projekt, aus der jesuanischen Projektion wird der objektive Gott, der das alles so gewollt hat, der hinter den Kulissen die Fäden des Geschehens dirigiert und am Ende befriedigt sagt: »Es ist vollbracht.«

Dieser Tausch, bei dem die rechte Hand nicht weiß, was die linke tut, hängt aufs innigste mit dem Ereignis der Auferstehung zusammen.

28

Wie immer man die Auferstehung deutet, eins jedenfalls hat sie erschwert: Trauer über das Vater-Sohn-Drama, von dem die Evangelien erzählen. Durch das weichzeichnende Okular des Auferstehungsglaubens betrachtet, sieht die Kreuzigung nicht so endgültig aus, wie Jesus sie in blutender Agonie erlebt hat. Die Tragödie eines Sohnes, der sich hinrichten läßt, um seinen Vater zu einer Reaktion zu bewegen, verkleinert sich zum schaurig-spannenden Kapitel eines umfänglichen Romans mit universalem Happy-End.

Die spezifisch christliche Unfähigkeit zu trauern artikuliert sich schon sehr früh, und sie signalisiert jene Vertauschung zwischen dem jesuanischen Vater-Entwurf und dem objektiven Gott, die zugleich auf einen grundsätzlichen Wechsel der Deutungsperspektive hinweist. Als ein plastisches Beispiel dafür diene eine neutestamentliche Erzählung, die unter Christen wegen ihrer abendrötlichen Stimmung ein besonders hohes Renommee genießt. Ich meine die berühmte Emmaus-Geschichte, die nur Lukas überliefert.

Zwei Jünger Jesu, ihre Namen kennen wir nicht, wandern am dritten Tag nach der Kreuzigung durch ein Dorf, das Emmaus heißt. Erregt reden sie über die Ereignisse der vergangenen Tage. Da gesellt sich ein unbekannter Wanderer zu ihnen und fragt sie nach dem Grund ihrer Aufregung. Sie erzählen ihm die allerneuesten Nachrichten: Der Leichnam Jesu soll verschwunden sein, einigen Jüngerinnen sei ein Engel erschienen und habe ihnen gesagt, Jesus sei wieder am Leben.

Aber keiner, weder die Frauen noch sie selbst, hätten ihn gesehen.

Da beginnt der fremde Wanderer mit einer langen Rede. Zuerst wirft er den beiden fehlenden Glauben an die Weissagungen der Propheten vor.

Und dann der entscheidende, entlarvende Satz: »Mußte denn nicht der Messias das alles erleiden, um in seine Herrlichkeit einzugehen?« Der Fremde legt nun, angefangen von Mose und allen Propheten, die Schriftstellen aus, die auf dieses Ereignis hinweisen und es voraussagen. Nach dieser Belehrung gibt er sich den Jüngern als der Auferstandene zu erkennen.

Was geschieht da? Wenn wir diese Geschichte als Legende begreifen und nicht als reales Ereignis, erkennen wir in ihr jenen verräterischen Wechsel der Perspektive, der für die urchristliche und fast alle spätere Theologie so charakteristisch ist. Die Ereignisse werden nicht mehr in brüderlicher Treue aus dem Erleben Jesu heraus interpretiert, sondern aus dem Erleben Gottes, genauer: aus Gottes Bedürfnis, das sich als Bedürftigkeit entpuppt. Dieser Gott wollte und brauchte das Leiden Jesu.

Falsche Stammbäume

Wer ist dieser Gott? Jedenfalls nicht der Vater, den Jesus verkündigte. Aber mit diesem Jesus-Vater wird er seither in eins gesetzt. So entsteht der Eindruck von Kontinuität: Schon die Propheten von früher haben auf Jesus hingewiesen. So entsteht eine neue, zwar korrekte, aber doch falsche Genealogie. Nicht Jesus hat demnach »seinen« Vater glaubend und hoffend erzeugt, sondern umgekehrt: Gott-Vater hat den Sohn gezeugt, an dem er Wohlgefallen hat. So lautet die neue Verkündigung. Sie macht den wirklichen Vater, Jesus, zum Sohn, und den wirklichen Sohn, das Vaterbild Jesu, zum Vater.

Die Etappen dieser genealogischen Rekonstruktion lassen sich genau verfolgen. Das früheste neutestamentliche Zeugnis, das von Jesu Gottessohnschaft spricht, findet sich bei Paulus, klassisch formuliert im Römerbrief: »Paulus, Knecht Christi Jesu, zum Apostel berufen, ausgesondert, das Evangelium Gottes zu predigen, das er im voraus durch seine Propheten in der Heiligen Schrift verheißen hat, nämlich das Evangelium von seinem Sohn Jesus Christus, unserm Herrn, der seiner irdischen Herkunft nach aus dem Geschlecht Davids stammt, der durch die Kraft des Heiligen Geistes eingesetzt ist als Sohn Gottes in Macht aufgrund der Auferstehung von den Toten« (Römer 1,1–4).

An diesem kompakten Satz ist einiges bemerkenswert: Der Römerbrief ist 56/57 nach Christus geschrieben, gut 23 Jahre nach der Kreuzigung Jesu und rund 14 Jahre vor dem ältesten Evangelium, dem des Markus. Auffällig dabei ist, daß die Gottessohnschaft Jesu erst *am Ende* seines Lebens lokalisiert wird; sie entsteht dadurch, daß Gott ihn zum Sohn adoptiert, indem er ihn aus dem Tode erweckt.

Weiterhin fällt eher unangenehm auf, wie der Titel »Gottes Sohn« inhaltlich verstanden wird: als begriffliche Dublette zum Hoheitstitel des *Herrschers*. Gottes Sohn zu sein bedeutet nach paulinischem Bekenntnis, als Gottes Vollmachtsträger *Herr der Welt* zu sein.

Diese Theologie zeigt, welche Früchte die christliche Unfähigkeit zu trauern hervorbringt. Das höchste und letzte Ziel des Lebens Jesu war es demnach, zu herrschen, zur Rechten Gottes zu sitzen und die Weltgeschichte zu steuern. Offensichtlich können die paulinischen Theologensöhne die erniedrigende Kreuzigung und die Verzweiflung des verachteten und verurteilten Bruders Jesus nur dadurch ertragen, daß sie ihn mit kompensatorischem Elan in höchste Herrscherhöhen befördern.

Je weiter wir uns nun vom Leben und Sterben des historischen Jesus entfernen, um so früher lokalisieren die Theologen das Vater-Sohn-Verhältnis in dessen Biographie. Der frühe Paulus avanciert erst den toten Jesus zum Sohn Gottes. Der spätere Markus hingegen läßt Jesus diese Ehre bereits bei der Taufe zukommen: »Und sogleich, als er aus dem Wasser herausstieg, sah er, wie der Himmel sich spaltete und der Geist wie eine Taube auf ihn herabkam. Und eine Stimme erscholl aus dem Himmel: ›Du bist mein lieber Sohn, an dir habe ich Wohlgefallen‹« (Markus 1,10f).

Matthäus und Lukas, um einiges später als Markus, verschieben mit chronologischer Konsequenz die Gottessohnschaft weiter in die umgekehrte Zeitrichtung: Für sie ist Jesus kraft seiner Geburt aus dem Heiligen Geist schon als Neugeborener Gottes Sohn. Der späteste aller Evangelisten, Johannes, überbietet auch diese Deutung; er verläßt das Leben Jesu und dringt mit hymnischen Worten in dessen vorgeburtliche Existenz vor: »Im Anfang war das Wort, und das Wort war bei Gott, und das Wort war Gott. Dies war im Anfang bei Gott« (Johannes 1,1f). Schon vor seiner Geburt also war Jesus als präexistenter Sohn beim Vater. Von Paulus bis zu Johannes erstreckt sich ein Zeitraum von etwa fünfzig Jahren. So lange brauchte es, um das Konzept einer normal verstandenen Vater-Sohn-Beziehung theologisch durchzureflektieren und als feinmaschiges, dauerhaftes Gewebe über die existentielle Genealogie zu legen, die den historischen Jesus mit »seinem« Vater verband.

Wer den Vater hat, hat die Macht

Wie es den von Theologen konstruierten Sohn nicht gibt, da er sich als nachträgliche Deutung herausstellt, gibt es auch nicht den einen Gott-Vater. Ein genauer Blick ins Neue Testament zeigt mehrere miteinander konkurrierende Gott-Väter.

Bis heute ist unentschieden, welcher unter ihnen als der Vater zu gelten hat, der im Urgebet der Christenheit, dem Vaterunser, angerufen wird. Nachdem Jesus, der »Erstgeborene unter vielen Brüdern«, wie ihn Paulus nennt, »seinen« Vater verkündigt hat, sind die nachgeborenen Brüder an der Reihe. Und mit ihnen »ihr« Vater.

Der Unterschied zwischen Jesus und seinen Jüngern – ein Unterschied, den der Meister zu beklagen oft Anlaß hatte – schlägt sich auch im Vaterbild der Jünger nieder. Die Fallhöhe ist beträchtlich. Und bei alledem geht es nicht nur um Wahrheit.

Wer den richtigen Vater hat, besitzt die Macht. Denn er spricht im Namen des Vaters, der über alles regiert, und kann deswegen Gehorsam und Unterwerfung verlangen. Wer ist der legitime Sohn, wer der legitime Erbe? Das ist die entscheidende Frage. Dieser Kampf hält bis heute an; er geht quer durch die Konfessionen und Glaubensgemeinschaften.

Wenn die Christenheit ihr Urgebet, das Vaterunser,

spricht, klingt das nach Einigkeit. Jedes Kind weiß, daß der Eindruck täuscht. Das Wort »unser« verhüllt eine Fülle von Vaterbildern, deren Spektrum vom blutrünstigen, opfernden, nationalistischen, raketengierigen Rächergott bis zum bedingungslos liebenden Vater reicht, der Gewalt nicht kennt und das Leiden seiner Geschöpfe zu seinem eigenen macht. Wie viele »unserer« Gottväter, Produkte religiöser Phantasie, schwirren nicht satellitengleich durch Dogmatiken, Hörsäle und Kirchengewölbe. Wer sich in die Bezeichnung »Vaterunser« meditierend vertieft, wird sich ihres schillernden Schwankens zwischen Projektion und Verheißung bewußt.

Keine Theologie fällt vom Himmel. Söhne sind es, die sich auf die Seite des Vaters schlagen und von dessen angeblichen Bedürfnissen und Plänen her denken, statt ihrem leidenden Bruder Jesus treu zu bleiben. Unschwer ist darin das Bemühen zu erkennen, Trauerarbeit zu vermeiden und vor allem dort Sinn zu konstruieren, wo Gewalt Triumphe feiert – eine fatale theologische Untugend, die bis heute andauert.

Sinnhunger und Schuld

Der unersättliche theologische Sinnhunger, der mit Vorliebe die eigenen Untaten als sinnvolle Notwendigkeiten der Heilsgeschichte ausgibt, wird gespeist von einem Erlösungsbedürfnis, das vor nichts zurückschreckt – am wenigsten vor dem Sohnesopfer. Um der eigenen Erlösung ein für allemal gewiß zu sein, überlassen sich die nachgeborenen Theologensöhne dem Sog eines Rückfalls, der sie um Jahrhunderte hinter die klassische Opfergeschichte von Abraham und Isaak zurückkatapultiert. Dort war es Gott selbst, der dem Abraham in den Arm fiel und ihn daran hinderte, seinen Sohn zu schlachten.

Diesen Fortschritt machen die Söhne nicht mit. Sie wollen das Menschenopfer, um sich selbst zu retten, um in unzerstörbarer Selbstgewißheit leben und sterben zu können. Aber sie wollen es nicht selber gewesen sein: Die Verantwortung für das Opfer wird auf Gott abgeschoben. Klassisch formuliert Paulus im Römerbrief: »Ist Gott für uns, wer kann gegen uns sein? Der auch seinen eigenen Sohn nicht verschont hat, sondern hat ihn für uns alle dahingegeben – wie sollte er uns mit ihm nicht alles schenken?« (Römer 8,31f).

Als ahnte Paulus, daß er unter der Hand den schwarzen Peter weitergibt, schreibt er im nächsten Satz: »Wer will die Auserwählten Gottes beschuldigen? Gott ist hier, der gerecht macht.« Damit thematisiert Paulus unbewußt, was im Kern dieser Erlösungsreligion verborgen ist: ein unerledigtes Schuldgefühl, mit dem Tod des Bruders nicht nur einverstanden zu sein, sondern ihn letztlich gewollt zu haben, um selber leben zu können. Die Schuld wird weggeschoben: im besten Fall auf Gott, in der Regel allerdings auf die Juden.

Aber das System der Schuldabwehr ist falsch konstruiert. Das Abendmahl, christliches Symbol für die Vergebung der Sünden, erinnert an den Mord, an das heimliche Einverständnis, an den seelischen Profit, an die orale Gier, die sich nicht damit abgibt, an die Erlösung zu glauben, sondern die auf infantilste Weise das Glück in den Mund nehmen, schmecken, kauen, zerstückeln und sich einverleiben will. Darum sind Hostien so dünn: damit man nicht aggressiv kaut, damit keine Erinnerung an Gewalt oder gar Widerstand des Opfers aufkommt.

Das Konstrukt eines Vaters, der seinen einzigen Sohn opfert, aus was für überwältigenden heilsgeschichtlichen Notwendigkeiten auch immer, ist Projektion im Dienst von Schuldabwehr. Die Söhne projizieren ihre erlösungsbedürftige Zerstörungslust in den Vater, von wo sie als verklärte göttliche Liebe zurückgespiegelt wird.

So wie die Söhne, die Glaubensbrüder Jesu, die wirkliche Genealogie auf den Kopf stellen und aus dem Vater-Erfinder Jesus den gehorsamen Sohn machen, stellen sie auch den Inhalt der Verkündigung Jesu auf den Kopf. Nicht die Liebe Jesu zu seinem Vater war es, die

ihn zum Äußersten trieb, sondern jetzt heißt es umge-
kehrt: Die Liebe des Vaters zu seinem Sohn (und seinen
Söhnen) mutet diesem den qualvollen Tod zu. Äußerste
Grausamkeit konnte sich als äußerste Liebe ausgeben.
Wer liebt, ist bereit, um der Liebe willen zu opfern und
zu morden.

So ist es dann ja auch in der Kirchengeschichte prakti-
ziert worden. Das Kreuz, die Darstellung eines ge-
schundenen, blutverschmierten Leichnams, bezieht
seine fürchterliche Zweideutigkeit aus dieser Dialektik.
Man weiß nie, wofür es steht – als Erinnerung an die
verzweifelte Hingabe des Sohnes oder als Darstellung
des grausamen Gottes, des »Vaters der Barmherzigkeit«.

Zweiter Teil

Wer bist du, Vater?

Manches entdeckt man erst, wenn es in der Agonie liegt. Die Natur etwa.

Eine Tierart nach der anderen verabschiedet sich von uns – für immer, da gibt es nichts zu reparieren, nichts wiedergutzumachen.

Wie anders bot sich die Welt dar in den Tagen unserer Groß- und Urgroßeltern, als das globale Sterben erst begonnen hatte. Wer vor dreißig, vierzig Jahren mit dem Auto von Hamburg nach Frankfurt fuhr, mußte mindestens dreimal die Frontscheibe gründlich reinigen. Sie war verklebt mit Hunderten von Insekten. Heute reicht eine kleine Säuberung, da die große chemische Reinigung, zu der Wasser, Land und Luft längst geworden sind, die lästigen Insekten und mit ihnen die lästige Wischerei auf ein Minimum reduziert.

Eine Tierart nach der anderen verabschiedet sich von uns – und erst jetzt, wo wir ihren Verlust als gefährliche Bedrohung unserer Zukunft begreifen, werden sie beachtet und gewürdigt. Sie feiern eine Hochglanzauferstehung in dicken Bildbänden, die im Supermarkt ausliegen, liebevoll und gelehrt geschrieben, fantastisch fotografiert. In Wirklichkeit und in natura waren diese Vögel längst nicht so schön und beachtenswert wie ihre Abbildungen. Auch der Wald sieht fotografiert verlockender und einladender aus als der echte, der vor sich hinstirbt und in dem Plastiktüten und leere Bierdosen herumliegen. Tiere und Wälder sterben, und ihr tödliches Siechtum wird zum Nährboden einer nostalgisch verspäteten, nachgetragenen Liebe.

40

Und das Patriarchat –: Erst seine Agonie, begleitet von Applaus und Ungeduld, hat das Fragwürdige dieser bislang selbstverständlichen Herrschaft bewußt gemacht. Solange das Patriarchat gleichsam die Urordnung des Zusammenlebens war, dachte keiner darüber nach. Erst als das gewaltigste und gewalttätigste Spätprodukt der Vaterkultur, die Wissenschaft, seinen Siegeszug antrat, war das Ende nahe. Erst mit dem Ende begann das Nach-Denken über eine Lebensform, die in einem letzten kreativen Akt die Instrumente zur Selbstabschaffung erfand. Denn die Wissenschaft und ihre Folgen – Industrialisierung und Veränderung der gesellschaftlichen Strukturen – haben das Patriarchat entthront. Die Frauenbewegung reiht sich erst als späte Folge in diesen Ablauf ein. Ohne es zu wollen, ohne die Dynamik der Selbstentmachtung aufhalten zu können, hat das Patriarchat späte, wenngleich unbewußte Selbsteinsicht erwiesen; und wenn es auch nicht freiwillig den Platz räumt, so weigert es sich zumindest nicht mehr, über das eigene Ende nachzudenken.

Was stirbt mit dem Patriarchat? Der Vater stirbt – genauer, jene Gattung von Vätern, die das Patriarchalische inkarnierten: ungebrochene Machtmänner, die in Herrlichkeit regierten und befahlen.

In großbürgerlichen Häusern, vor dem Ersten Weltkrieg, galt es als selbstverständlich, daß Kinder bei Tisch nicht reden durften, sondern nur wenn der Hausvater ihnen die Erlaubnis erteilte. Das änderte sich auch dann nicht, als die Kinder erwachsen waren. Wenn die

Söhne, die schon längst verheiratet waren und respektable Berufe ausübten, ihren Vater besuchten, schwiegen sie so lange, bis ihr Vater sie anredete und ihnen das Wort erteilte.

Der Vater erscheint hier als oberste Autorität, die entscheidet, wer reden, wer überhaupt etwas zur Sprache bringen darf. Dabei geht es um mehr als nur um Tischregeln. Es geht um Gewähren und Unterdrücken, um Erlaubnis und Tabu, um Bewußtsein und Verdrängung, kurz um das, was mit dem Wort »Sprachregelung« gemeint ist.

Wer über die Sprache verfügt, verfügt über Macht. Jede Bewegung, jede Gruppe, jede Familie und fast jedes Liebespaar tendieren dazu, eine eigene Sprache zu sprechen – so drückt sich Zusammengehörigkeit aus, die von zärtlicher Vertrautheit bis zu politischer Schlagkraft reichen kann. Die Väter haben bestimmt, was Sprache werden, was benannt werden durfte, sie haben darüber entschieden, wer wo überhaupt sprechen durfte.

Allein schon diese Beobachtung zeigt, daß es nicht angeht, die Bibel mit dem Begriff »patriarchalisch« abzutun. Natürlich weist sie patriarchalische Züge auf; sie kann das Milieu, dem sie entstammt, nicht verleugnen. Aber ihre zeitlose Faszination besteht zu einem großen Teil darin, daß sie die Erfahrungen der Unterdrückten und Sprachlosen zur Sprache bringt, und das in einem doppelten Sinn: Sie verleiht den Sprachlosen, denen nur der Schrei der Verzweiflung oder das Verstummen bleibt, Worte; und sie appelliert an die Mächtigen, ihre Ohren davor nicht mehr zu verschließen. Darin ist sie der Psychoanalyse verwandt, die den tabuisierten Regungen der Seele zur Sprache verhilft. Was im Markusevangelium von Jesus gesagt wird, trifft auch auf den Erfinder der Psychoanalyse, auf Freud zu: »Er macht, daß die Tauben hören und die Stummen reden« (Markus 7,37).

Der Vater geht, die Mutter kommt

Das Neue Testament, so sagte ich zu Beginn, erzählt die Geschichte von einem Sohn und seinem Vater. Sie ist die zentrale Geschichte, der Pflock, an den alle anderen Ereignisse und Geschichten gleichsam festgebunden sind. Auf den ersten Blick besehen, gibt es nichts, was die zweitausendjährige Entfernung zwischen Jesus und uns Heutigen so relativiert wie die Erfahrung vom Ende des Patriarchats. Mit dem allmählichen Dahinschwinden des Vaters bleicht auch das übermächtige Bild des Gottvaters aus, das sich zwischen uns und Jesus geschoben hat. Das Vaterdrama des Sohnes wird sichtbar, denn Jesu Vaterbild unterscheidet sich in wesentlichen – nicht in allen – Zügen von dem Bild des allmächtigen Gottvaters, das die späteren Theologensöhne dem Evangelium gleichsam eintätowiert haben.

Dennoch wäre es ein Fehlschluß zu meinen, daß heutige Generationen, die das Ende des Patriarchats erleben, dadurch über die Jahrtausende hinweg dem Erleben Jesu näher kommen könnten. Auch wenn Jesus einen anderen, väterlicheren Vater imaginierte als die Mehrzahl seiner Zeitgenossen, bleibt er doch ein vatergeprägter Sohn. Das läßt sich von den heutigen Söhnen (und Töchtern) nicht mehr so behaupten.

Sieht man von Einzelfällen und ihren Zufälligkeiten ab, bleibt die Tatsache, daß »der Vater« entmachtet worden ist. Auch wenn die Kulissen des Betriebs noch patriarchalisch bepinselt sind – les jeux sont fait. Die Väter als Herren haben ausgedient. Man nehme nur den Begriff vom »Vater Staat« – ein Anachronismus sondergleichen. Schon längst hat sich Vater Staat in eine Muttergöttin verwandelt, an deren Zitzen ein Heer von Beamten, Angestellten und Sozialhilfeempfängern saugt. Darauf hat schon Alexander Mitscherlich hingewiesen.

Die Versorgungsmentalität, Ausfluß des Sozialstaates, fördert eine Lebenshaltung oralen Charakters, deren Anstrengungen um die Erhaltung und Erhöhung des Lebensstandards kreisen und die sich darin vom »analen Sicherheitsstreben der paternistischen Gesellschaft mit ihrem Wohlgefallen an gehäuftem Besitz und Leistung« unterscheidet[2].

Aus psychoanalytischer Sicht bedeutet der Wechsel von der paternistischen zur mutterorientierten Lebenshaltung eine Regression. Sie äußert sich in der freundlichen Aufforderung, das Leben locker zu nehmen, die Krawatte abzustreifen, den Kragen zu öffnen und die Arbeitswelt mit Freizeitheiterkeit zu imprägnieren. Die Kultivierung leiblicher Genüsse und ihrer Befriedigung nimmt an Bedeutung zu. Unter dem Vorwand einer rationaleren technischen Bewältigung des Alltags wird eine Flut von Spielzeugen auf den Markt geworfen, vom elektronischen Adreßbuch bis zur Tieftaucheruhr. Alexander Mitscherlich: »Gegenüber der eher asketischen Genußfeindlichkeit des Besitzbürgertums mit seinem Denken in Zinseszinsen bringt die Konsumlust eine heitere und entspannte Note in das alltägliche Leben.«[3]

Vater Staat als Urmutter: Der Unterbau hat sich rasch verwandelt, der Oberbau kommt nicht hinterher, wie so oft. Immer noch wird das Patriarchat als Bösewicht und Sündenbock für alle Weltübel beschimpft und angeklagt.

Wenn allerdings feministische Theologinnen das Bild eines allmächtigen Gottvaters als religiösen Überbau der patriarchalischen Gesellschaft entlarven, sehen sie den Splitter im Auge des Gegners, nicht aber den Balken im eigenen. Die Ironie feministischer Theologie liegt darin, daß just die heftigsten Feinde des ohnehin schon erledigten Patriarchats sich patriarchalisch verhalten, indem sie den längst fälligen ideologischen Überbau zur neuen Lage liefern – ohne bewußte Absicht, so darf man vermuten.

Die Forderung nach einem weiblichen Gottesbild,

nach der Göttin oder Gottmutter steht, folgt man der Logik aufklärerischer Religionskritik, im Dienste gesellschaftlicher Entwicklungen, die sich ein Symbol suchen, das sie legitimiert und absegnet. Die Göttin scheint für diesen Zweck genauso geeignet wie der erledigte Gottvater.

Wo bleibt die Mutter?

Verglichen mit der schon fast zur Selbstverständlichkeit gewordenen Vaterlosigkeit heutiger Generationen zeigt sich bei Jesus das auffällige Gegenteil. Wäre er eine Erscheinung dieses Jahrhunderts, würde seine offenkundige Vaterbindung sofort die Psychologen auf den Plan rufen und die Frage provozieren, warum dieser junge Mann seine Leidenschaft so exklusiv ins Väterliche verströmt. Und weiter würden sie wissen wollen, wie es um sein Verhältnis zur Mutter bestellt ist. Zu Recht. Die Mutter formt den Sohn in einer Tiefe, in die der Vater nicht hineinragt.

In den Evangelien spricht Jesus nur von Vaterliebe, nicht einmal von Mutterliebe. Fast alle Theologen und Kommentatoren scheinen diese Einseitigkeit für so natürlich zu halten, daß ihnen dazu keine Frage einfällt.

Aber so natürlich ist diese Vaterliebe keineswegs. Auch dann nicht, wenn man die damalige patriarchale

Gesellschaftsordnung ins Spiel bringt, die dem Vater von vornherein eine Dominanz verlieh, die heutzutage ans Unvorstellbare grenzt.

Was hat ein Sohn von seinem Vater? »Den Vater kann man bewundern; man kann bei ihm geborgen sein oder ihn fürchten – schließlich ihn mißachten. Man kann in verschiedenen Augenblicken alles zusammen tun. Neben diesem so schwankenden Gefühlsbezug gibt es aber den zweiten: Vom Vater kann man *lernen*, man kann von ihm eingeführt werden in die Praxis des Umgangs mit den Dingen, oder man entbehrt ihn dabei.«[4] So noch einmal Alexander Mitscherlich, der in seiner auch heute noch aktuellen Analyse der vaterlosen Gesellschaft aufgewiesen hat, worin die Dominanz des Vaters sich begründete: in der Einheit von affektivem und sachbezogenem Kontakt zwischen Vater und Sohn. Vor dem Beginn des industriellen Zeitalters waren Wohnung und Arbeitsplatz noch nicht getrennt. »Kulturgeschichtlich ist nun zu bedenken, daß der größte Teil des *kultischen* und *praktischen* Wissens an die Überlieferung durch die Väter und Vaterfiguren geknüpft war. An der Erfüllung dieser Aufgabe bewährte sich das Ansehen des Vaters. Er war *augenscheinlich* kontrollierbar.« Lernen und Gefühl waren nicht auseinandergerissen, und diese Einheit von Emotion und Unterweisung band den Sohn auf lebendigste Weise an den Vater. Der Vater vermittelte Gewissen und Bewährungspraxis des Lebens.

Aus dieser Sicht ergibt sich von selbst ein intensives

Verhältnis zwischen Jesus und seinem Vater. Josef war vermutlich Zimmermann; Jesus dürfte das Handwerk von ihm gelernt haben; allein das schuf einen festen Zusammenhalt.

Was bedeutet die auffallende Tatsache, daß in der Bilderwelt Jesu, in seinen Reden, Gleichnissen und Sprüchen die Mutter keinerlei Rolle spielt – weder *die* Mutter noch *seine* Mutter? Eine Beobachtung, die im übrigen nicht nur für die Geschichten gilt, die *er* erzählt, sondern auch für einige, die *über ihn* erzählt werden. Der Evangelist Lukas etwa überliefert uns eine Episode, die sogar auf einen Anti-Mutter-Affekt Jesu schließen läßt.

Jesus, so erzählt der Evangelist, ist gerade dabei, eine Menschenmenge über Wesen und Unwesen böser Geister aufzuklären. Da ruft eine Frau mitten in seine Rede hinein: »Selig ist der Leib, der dich getragen hat, und die Brüste, an denen du getrunken hast.«

Ein warmherziges, feierliches Kompliment, fast ein rosenkranzähnliches Gebet, eine zweifache Huldigung, an seine Mutter und an ihn gerichtet.

Aber Jesus reagiert gereizt und belehrend. Er nimmt die Huldigung zwar auf, aber wendet sie pädagogisierend ins Väterliche: »Selig sind, die das Wort Gottes hören und bewahren.« Um den einen, unsichtbaren Vater geht es ihm; mit der Mutter will er nichts zu tun haben.

Ein Satz wie der von Jesaja: »Ich will euch trösten, wie einen seine Mutter tröstet« ist aus Jesu Mund nicht überliefert, obwohl doch gerade er zu den großen Tröstern gehört. Auch das lukanische Gleichnis von der Frau, die ihr ganzes Haus auf den Kopf stellt, um ihre verlorene Drachme zu finden, wie Gott, der sich um das Schicksal eines einzigen verlorenen Menschen kümmert, hat mit der Mutter oder Mütterlichkeit nichts zu tun.

Wo bleibt die Mutter? Der unter aufgeschlossenen männlichen Theologen sehr beliebte Einwand, Jesu Vaterbild sei durchtränkt von mütterlichen Zügen, hilft auch nicht weiter. Denn die Aufteilung in väterliche und mütterliche Eigenschaften schreibt jene Stereotypen fest, die in Jesu Bilderwelt überwunden werden. Der Vater im Gleichnis vom verlorenen Sohn ist weder auffallend väterlich noch irgendwie mütterlich, sondern nur Vater und gerade dadurch so großartig. Warum also kommt die Mutter bei Jesus nicht vor? Angst vor Frauen hatte er nicht. Im Gegenteil. Jesus machte keinen Hehl aus seinem Bedürfnis, Frauen um sich zu haben, die für ihn alles andere als geduldete Begleiterinnen waren. Daß mindestens drei dieser Frauen den gleichen Namen wie seine Mutter trugen, Mirjam oder Maria, gehört zu jenen Details, die das psychologische Interesse wecken, ohne es zu befriedigen – einer von vielen Gründen, warum Jesus auch heute eine interessante Gestalt ist.

Und doch ist bei aller verbalen Scheu und Abwehr, die fast ans Bilderverbot erinnern, die Mutter in Jesus überdeutlich spürbar. Jeder, der sich in seine Nähe begibt, spürt sonnenhaftes Urvertrauen, das aus ihm strahlt. Auch wer seinen Glauben nicht teilen, nicht mit ihm bekennen kann, fühlt die unerschöpfliche Kraft dieser Energiequelle. War es seine Mutter, das junge, höchstens sechzehnjährige Mädchen Mirjam, die ihn in seiner frühesten Kindheit so prägte? Die Vermutung wäre alles andere als abwegig.

»Alles Selbstwertgefühl des Kindes und späteren Erwachsenen«, schreibt der Psychoanalytiker Helm Stierlin, »das Wirksamwerden des Prinzips Hoffnung, die Kraft der eigenen Initiative, sein Vertrauen darauf, daß es der Welt einen Sinn und anderen Menschen ein positives Antwortverhalten abringen kann, beruhen wesentlich auf der Tatsache, daß am Anfang der Beziehung ein Mensch zur Stelle war, der das kleine Wesen ›liebens-wert‹ fand, der durch seine Bewunderung, seine Liebkosungen, sein Interesse den lebendigen Beweis für den Wert des Kindes brachte – ungeachtet dessen, daß sich das Kind diese Liebe in keinem rationalen Sinne hatte ›verdienen‹ können. Es wurde geliebt, weil es da war.«[5] Die Erkenntnis, daß Urvertrauen, das Fundament des Glaubens, nicht aus den Händen des Vaters, sondern aus denen der Mutter entspringt (genauer: aus ihren Brüsten), ist zwar erst in diesem Jahrhundert formuliert worden. Ihre Gültigkeit dürfte sich allerdings auch auf jene Zeiten erstrecken, in denen Jesus geboren und gestillt wurde. Die Frau aus der Volksmenge streifte diese Wahrheit, als sie Jesus zurief: »Selig ist der Leib, der dich getragen hat, und die Brüste, an denen du getrunken hast.« Jüdische Mütter damals stillten ihre Kinder weitaus länger als die heutigen hierzulande – ein nicht ganz nebensächliches Detail, wenn es um die Frage geht, warum der Glaube schrumpft und schwindet. Solche Zusammenhänge zwischen Körper und Religion werden unterschätzt. Das Wort allein ist zu schwach, um Lust am Glauben zu wekken.

Wer sucht, hat etwas verloren

Die Suche nach den Gründen für die Dominanz des Vaters führt uns zurück zu den Anfängen, zur Kindheit Jesu, zurück zur Geburtslegende, die für uns vor allem nach Weihnachten duftet. Aber traut und hold ging es damals nicht zu. Von heiler Welt keine Spur. Im Gegenteil, auch in dieser Schöpfungsgeschichte, wie in der ersten, von der die Bibel erzählt, ist etwas Elementares nicht in Ordnung. Mit den Eltern stimmt etwas nicht. Daß Maria die Mutter ist, steht völlig außer Zweifel. Aber wer war der Vater? Josef? Oder ein namenloser anderer?

Über der väterlichen Abstammung Jesu steigt heilig mythischer Nebel auf. Mit ihren orientalischen und frommen Ornamenten verhüllt die Weihnachtsgeschichte eine Schlüsselfrage: die Frage nach dem Vater. Aber wie in jeder raffinierten Form der Verhüllung verbirgt sich auch in dieser eine Enthüllung, die freilich nicht plump, sondern zart und schonungsvoll eingezeichnet wird.

Wer ist mein Vater? Diese Frage holt jeden Sohn irgendwann ein. Wenn die Antwort undeutlich klingt, beginnt eine lange Suche. Denn in der Frage nach dem Vater sucht der Sohn eine Antwort auf sich selbst, und solange der Vater nicht antwortet, hält die Suche an. Wenn der Vater selbst nicht antwortet, müssen Stellvertreter es für ihn tun. Aber wer auch immer im Namen des ersten, leiblichen Vaters antwortet – ein anderer Mann, eine Institution, eine Phantasiefigur – ohne Antwort bleibt das Ich des Sohnes fragmentarisch.

In den Gleichnissen Jesu kommt das Motiv der Suche auffallend oft vor. Häufig erzählt er Geschichten von Menschen, die mit hartnäckiger Leidenschaft nach einem Schatz suchen und ihn am Ende finden. Ein Kaufmann sucht gute Perlen, ein Hirte sucht das verlorene Schaf, ein Mann sucht Früchte an seinem Feigenbaum, der verlorene Sohn sucht in der Fremde nach einer anderen Zukunft. Auch in den lapidarsten Schlußsätzen dieser Erzählungen brodelt das überschwengliche Glücksgefühl, den Schatz endlich gefunden zu haben; aus dem Glück quillt die Bereitschaft, alles hinzugeben, alles zu riskieren und auf eine Karte zu setzen, um den Schatz zu erhalten, um ihn sich anzueignen: »... und in der Freude darüber geht er hin und verkauft alles, was er hat, und kauft den Acker... und als er *eine* kostbare Perle fand, ging er hin und verkaufte alles, was er hatte, und kaufte sie... und wenn er's nun findet, wahrlich, ich sage euch: er freut sich darüber mehr als über die neunundneunzig, die sich nicht verirrt haben.«

Unschwer läßt sich in diesen Sätzen eine Selbstcharakterisierung Jesu erkennen, denn alles, was wir von ihm wissen, läuft darauf hinaus, daß *er* der Kaufmann, der Hirte, der verlorene Sohn war, der kein Risiko scheute, das zu finden, was er entbehrte.

»Suchet!« ermahnt Jesus seine Anhänger, und darin spornt er sie nicht nur zu entsagungsvoller Arbeit an, sondern zu einem Glücksabenteuer sondergleichen, von dem er wohl einiges zu erzählen hatte.

Nicht nur sie sollen suchen, Gott selbst sucht die Verlorenen und freut sich unbändig über jeden, den er findet, Gott selbst ist ein Suchender, der das Glück kennt, das Verlorene wiedergefunden zu haben.

Dieses Glück, das Mensch und Gott unmittelbar miteinander verbindet, wäre nicht so leuchtend ohne das gegenteilige Motiv: In den Suchgeschichten ist als untergründig bestimmendes Motiv die Erfahrung des Verlorenseins mit Händen zu greifen. Nie hätte Jesus etwa die Geschichte vom verlorenen Sohn so ergreifend gestalten können, hätte er nicht selbst erlebt, was es heißt, nicht nur etwas, sondern sich selbst verloren zu haben und sich auf die Suche zu machen – eine Suche, die mit der Wieder- und Neuentdeckung des Vaters endet, einem Fest sondergleichen.

Wenn es in Jesu Verkündigung eine mystische Entsprechung zwischen Gott und Mensch gibt, eine Ebenbildlichkeit in beide Richtungen, dann in der gemeinsamen Erfahrung des Urdramas von Verlieren, Suchen und Wiederfinden. Sollte dies die Urerfahrung des jesuanischen Lebens gewesen sein? Sie findet sich spiegelbildlich in seinem Gottesbild wieder: Denn auch der Gott Jesu trauert um die von ihm abgefallenen Menschen und freut sich auf höchst menschliche Weise über jeden, der zurückkehrt ins väterliche Haus, und sei es der Geringste und Kleinste. Die innerste Dynamik des »Vaters« entspricht der des Sohnes, und daraus ergibt sich diese einzigartige, fast sinnliche Intimität, die Trauer, Verzweiflung, leidenschaftliches Suchen und den Rausch des Wiederfindens umfaßt.

Mag sein, daß Jesus an seiner Abstammung von Josef zweifelte. Vielleicht gab es Gerüchte, vielleicht gab es etwas zu verschweigen. Aber das sind Spekulationen, und es ist für diese Überlegungen nicht entscheidend, ob ihnen ein Wahrheitsgehalt zugrunde liegt oder nicht. Die Frage: Wer ist der Vater? birgt noch andere Bedeutungen als die der Genealogie. Aber wie immer man sie auslegt, sie wird für alle Beteiligten, den Sohn, den Vater und die Mutter schon sehr früh akut. Das Gefühl, etwas verloren zu haben, spielt in Jesu Leben offenkundig eine dominante Rolle. Vieles spricht dafür, daß der Verlust auf eine bestimmt unbestimmte Weise etwas mit dem Vater zu tun hat.

Suche, Sucht und Sehnsucht

Was bindet einen Sohn an seinen Vater? Aus den vielen Varianten lassen sich zwei Grundkonstellationen herausdestillieren.

Entweder die Beziehung verlief in den Spuren, die zu einem geglückten Verhältnis führen. Der Vater hält sich nicht aus der Erziehung seines Sohnes heraus, er versteckt sich nicht hinter seiner Autorität, sondern gibt seine Liebe in verantwortlicher Sorge zu erkennen. Er spricht mit seinem Sohn – nicht nur über die Dinge, sondern auch über Gefühle. Er geht der notwendigen Rivalität mit seinem Sohn nicht aus dem Weg. Sein Hauptziel ist, dem Sohn Freiheit und Selbständigkeit zu ermöglichen. Darin bereitet er den Abschied vor, den er eines Tages vollziehen muß. Eines Tages muß er seinen Sohn ganz loslassen und seinen Anspruch, als Vater respektiert und behandelt zu werden, aufgeben. So kann er die Achtung und Liebe seines Sohnes gewinnen; so entsteht eine tiefe, dauerhafte Beziehung.

Die zweite Konstellation erzeugt ebenfalls eine tiefe Beziehung – aber es handelt sich um eine Tiefe, die nicht befreit, nicht beglückt, sondern fesselt und quält. Wenn ein Vater sich seinem Sohn gleichsam nur verheißt, sich ihm aber nicht gibt, wenn er ihm sich verspricht, sich aber entzieht, wenn er die Phantasie seines Sohnes anregt und beunruhigt, sich aber der Realitätsprüfung nicht stellt, erzeugt er eine Beziehung, die weitaus dauerhafter sein kann als die vorhin erwähnte. Aus dem nie aufgelösten Widerspruch zwischen Verheißung und Erfüllung entsteht eine Bindung, die ihrerseits nie aufgelöst werden kann. Will ein Vater seinen Sohn nach sich süchtig machen, sehnsüchtig und suchend, dann muß er sich vielversprechend geben, aber darf nur wenig einlösen; er muß mit einer hohen Prämie locken, aber darf nur eine kleine Dividende auszahlen – einen Vorschuß, eine Anzahlung, nicht zu wenig, um keine Desillusionierung zu erzeugen, und schon gar nicht zu viel, damit die Sehnsucht nicht zur Ruhe kommt.

Diese Konstellation dürfte jedem Gläubigen vertraut sein. Denn das Schema von Verheißung und Erfüllung gehört zum Urbestand und wohl zum Wirksamsten des christlichen Glaubens überhaupt. Die Theologie hat dafür die Formel »Schon jetzt – Noch nicht« geprägt. Ihren klassischen Ausdruck hat sie in der Theologie des Paulus gefunden. Der geniale Apostel konstruierte eine Lehre von der Taufe, in der er das dialektische Ineinander von unerwarteter Erfüllung und unerfüllter Erwartung theologisch fixiert. Wer getauft wird, erhält den Geist als Vorschuß auf die zukünftige Herrlichkeit, schreibt Paulus im 8. Kapitel des Römerbriefs. Im 2. Korintherbrief taucht der gleiche Gedanke auf: »Christus hat uns das Siegel der Taufe aufgeprägt und den Geist als Angeld auf das künftige Heil in unsere Herzen gegeben.«

Das sind Bibelstellen, die fast nur der Theologe

kennt. Jeder kennt das berühmte 13. Kapitel des 1. Korintherbriefs, in dem wiederum dieses Motiv erscheint, nur diesmal mit unwiderstehlicher emotionaler Kraft: »Denn unser Wissen ist Stückwerk, und unsere Prophetie ist Stückwerk. Wenn aber kommen wird das Vollkommene, so wird das Stückwerk aufhören... Wir sehen jetzt nur undeutlich wie in einem Spiegel; dann aber von Angesicht zu Angesicht. Jetzt erkenne ich stückweise; dann aber werde ich erkennen, wie ich erkannt bin.«

Mit diesen Worten rührt der Apostel an tiefste, unerfüllte Hoffnungen und Sehnsüchte. Das Wort Sehnsucht paßt in diesen Zusammenhang, da ein Element der Sucht zu dieser christlichen Hoffnung dazugehört. Die Verheißungen des Glaubens sind total; sie versprechen vollkommene Erfüllung aller Bedürfnisse; und sie versprechen nicht etwa Ersatzbefriedigungen, sondern reale.

Aber worin bestehen die tiefsten Bedürfnisse? Sie bestehen darin, geliebt und angenommen zu werden als der, der man ist. In der Kindheit wird entschieden, in welchem Maße das Gefühl entsteht, nicht um seiner selbst willen angenommen zu sein, sondern sich Anerkennung durch Leistung und Anpassung verdienen zu müssen. Wer nicht angenommen wurde, sucht sehnsüchtig nach Liebe und Annahme. Je stärker dieses Bedürfnis frustriert wurde, um so tiefer die Gefühle von Trauer und Schmerz, und jede Linderung entlastet von der Schwere unerfüllter Wünsche.

In dieser Gefühlssituation entfalten die christlichen

Verheißungen ihre stärkste Überzeugungskraft: »Und Gott wird abwischen alle Tränen von ihren Augen, und der Tod wird nicht mehr sein, noch Leid noch Geschrei noch Schmerz wird mehr sein; denn das Alte ist vergangen« (Offenbarung 21,4). Oder die wunderbaren Worte Jesu: »Kommt her zu mir alle, die ihr mühselig und beladen seid; ich will euch erquicken. Nehmt mein Joch auf euch und lernt von mir; denn ich bin sanftmütig und von Herzen demütig; so werdet ihr Ruhe finden für eure Seele« (Matthäus 11,28f).

Wenn wir von der These ausgehen, daß Jesus Züge und Eigenschaften seines leiblichen Vaters auf Gott übertrug, stellt sich nun die Frage, welche der beiden skizzierten Konstellationen das Verhältnis zu seinem Vater bestimmte. Entweder es handelte sich um ein glückliches Verhältnis oder um ein gebrochenes.

Eine schwierige Alternative, gewiß. Aber weitaus dem vorzuziehen, wie unzählige Söhne ihren Vater erleben: als eine Gestalt, die sich als Vater verkleidet, sich gleichsam väterlich kostümiert und auf Respekt und Achtung pocht, ohne den mit Verve eingeforderten Anspruch einzulösen; Väter, die ihre Söhne klein machen und klein halten.

Sie erinnern an italienische Barockkirchen: Ihre Fassade ist breit und glänzend angelegt, die Verzierungen und der Entwurf lassen auf imponierende Meisterschaft und gewaltige Dimensionen schließen. Sobald man das Kircheninnere betritt, befindet man sich in einem ärmlichen, kleinen Raum. Es bedarf nur weniger Schritte, um den Widerspruch zu entdecken; die Desillusionierung folgt gleichsam auf dem Fuß. Im Leben eines Sohnes kann dieser Prozeß der Enttäuschung mit großen Schmerzen verbunden sein. Am Ende steht in der Regel Gleichgültigkeit.

Die Glaubwürdigkeit des Papsttums (einer lateinisch-italienischen Institution) hängt im hohen Maße davon ab, inwiefern der jeweilige Amtsträger imstande ist, den formalen, fassadenhaften Autoritätsanspruch auszufüllen. Johannes XXIII. gab sich brüderlich. Vielleicht ist das die zeitgemäße Art, Väterlichkeit glaubhaft darzustellen.

Zurück zu Jesus: Entweder er erlebte mit seinem leiblichen Vater eine glückliche Liebe, die ihm später als Gleichnis für seine Beziehung zu Gott diente. Wir könnten dann seine Grundaussage – Gott ist wie ein Vater – um eine kleine, aber entscheidende Nuance umdeuten: Gott ist wie *mein* Vater. Wir könnten die Übertragung der Eigenschaften seines Vaters auf Gott als gelungenen Abschied von der konkreten Vater-Sohn-Beziehung verstehen. Wir könnten dann unmittelbare Rückschlüsse auf seinen Vater ziehen, Die Folge wäre eine beträchtliche Ausweitung unseres bislang kargen Wissens über Josef. Mehr noch, Josef würde zum christlichen Vatervorbild avancieren, als das er uns bislang wahrhaftig nicht erschienen ist. Statt ihn zum Heiligen der Handwerker und Arbeiter zu erheben, wie es die katholische Kirche tat, müßte sie ihn zum Schützer und Patron aller Väter deklarieren. Alice Miller hat vor eini-

gen Jahren in diese Richtung argumentiert und Josef als
Vorbild für alle Väter empfohlen. In ihrem Buch »Du
sollst nicht merken« schreibt sie: «Aus seiner frühen Erfahrung kannte Jesus auch einen anderen Vater, nämlich Josef, der sich nirgends in den Vordergrund
drängte, der Maria und das Kind beschützte und liebte,
der es förderte, in den Mittelpunkt stellte, es *bediente*.
Es muß dieser wirklich bescheidene Joseph gewesen
sein, der dem Kind ein Maß für Wahrheit und die Erfahrung der Liebe vermittelt hat.«[6]

Oder wir lassen uns auf die zweite Erklärung ein: Jesu
Beziehung zu seinem leiblichen Vater war unerfüllt –
der Vater schien verheißungsvoll, aber er konnte oder
wollte nicht einlösen, was er an Erwartungen auslöste.
Aus diesem Mangel hätte Jesus sehnsuchtsvoll sein Vaterbild geschmiedet – und wie könnte es anders sein bei
einem Sohn, der den Vater und dessen Liebe sucht: das
Bild eines unendlich faszinierenden Vaters, der dem
Sohn den Himmel auf Erden, die Erfüllung aller uner-
füllten Sehnsüchte verspricht. Der sich nicht hinter
irgendeiner Maske versteckt, der sich nicht, wie der of-
fizielle Gott des Tempels, als herrscherlicher König
oder Priester verkleidet. Der keine Angst vor Nähe hat,
sondern sich seinem Sohn ganz zu erkennen gibt. Ein
Vater, der dem Sohn seine leidenschaftliche Liebe zeigt.
Ein Vater, der alles vermag. Ein Vater, der uns lehrt,
wie wir leben können. Ein vollkommenes Vorbild, das
zur Identifizierung einlädt.

Mir scheint diese Erklärung wahrscheinlicher, aus

zwei Gründen. Die Quelle aller großer Schöpfungen entspringt fast immer dem Unglück oder tiefem Mangel – eine Beobachtung, die im besonderen Maße auf die Religionen zutrifft. Sie umkreisen die tiefsten Bedürfnisse und Sehnsüchte des Menschen und lehren ihn zu fragen, was er wirklich braucht, was ihn, um Paul Tillich zu zitieren, unbedingt angeht. Aus dieser bohrenden Frage nach den wesentlichen Lebensbedürfnissen entfaltet sich die kritische Kraft des Glaubens und nennt die Scheinbedürfnisse beim Namen: »Was hülfe es dem Menschen, wenn er die ganze Welt gewönne, aber Schaden nähme an seiner Seele?«

Aber es gibt einen zweiten, ebenso überzeugenden Grund, der dafür spricht, daß Jesu Vaterliebe dem Mangel und nicht der Fülle entspringt. Wir haben ihn vorhin erwähnt. Wer seine Mutter war, das wußte er. Die Frage, wer sein leiblicher Vater war, ist in dichten, heiligen Nebel eingehüllt. Auf diese für ein Kind eher beunruhigende Ungewißheit geht Alice Miller erst gar nicht ein.

Die Evangelisten Matthäus und Lukas haben in dieser Nebelwolke neben der dünnlichen Silhouette Josefs die Umrisse eines göttlichen Erzeugers zu erkennen vermeint. An dieser frommen Absicht gibt es nichts zu tadeln – im Gegenteil, als Ausdruck einer grenzenlosen Bewunderung und Wertschätzung für den galiläischen Wanderprediger ist das Bild vom Sohn Gottes von mythischer Poesie. Mehr noch, es reiht Jesus in die Galerie anderer mythischer Gottessöhne ein, die in den weitverbreiteten Mysterienreligionen eine Schlüsselrolle spielten. Die Erhebung Jesu in den Rang eines Sohnes Gottes gehört zu den Grundvoraussetzungen für den Erfolg der christlichen Religion; damit konnte das junge Bekenntnis an herrschende Vorstellungen jener Zeit anknüpfen.

Sobald dieses Gleichnis aber wortwörtlich als biologische Tatsache mißverstanden wird, verwandelt es sich in reinste Absurdität. Das fundamentalistische Mißverständnis wurzelt in der Unfähigkeit, den Gleichnischarakter der religiösen Sprache zu erkennen. Die fundamentalistische Auslegung bleibt hinter den Bedeutungsschichten ihres Gegenstandes zurück und fällt damit weit unter das Niveau der neutestamentlichen Zeugnisse. Man will alles wortwörtlich haben, zum Festhalten, Festlegen und Festnageln. Da aber das Absurde immer einer Nachfrage wert ist, lohnt es sich auch in diesem Fall, der Spur zu folgen.

Der dichte Nebel, der über der väterlichen Abstammung Jesu aufsteigt, kann die Tatsache nicht verhüllen, daß die Evangelisten die Frage nach der Vaterschaft auf heilig naive Weise in der Schwebe halten und ganz unbefangen von einer doppelten Vaterschaft ausgehen: Einmal präsentieren sie beeindruckende Stammbäume, die Josef als den Vater Jesu ausweisen; ein anderes Mal wird der Ursprung Jesu ohne genealogische Umwege angepeilt und Gott selbst zum Vater erklärt. Um die Aufklärung von Tatsachen war man damals offensichtlich nicht bemüht.

Wir befinden uns bei diesen frühen Chronisten in einer zwar ernsten, aber doch sehr kindlichen Welt, in der die Tatsachen sich immer der Absicht zu beugen haben, in der die Außenwelt zum Projektionsschirm innerer Bilder verwandelt wird – wie eben Kinder, aber nicht nur sie, sondern auch Schizophrene und große Künstler, die Welt deuten und wahrnehmen. Tatsachenwahrheit erfahren wir bei ihnen nur indirekt, um so mehr aber Aufschlüsse über innere Vorgänge und Ereignisse, die von keiner angestrebten Wissenschaftlichkeit und Objektivität gefiltert und zurückgedrängt werden.

Der doppelten Sohnschaft Jesu liegen simple Überlegungen zugrunde. Jesus war für die Evangelisten der Messias. Der Messias, so wollte es eine alte Tradition, mußte aus dem Hause Davids kommen; dazu brauchte es einer Väterreihe, die bis zu David zurückreicht. Josef, so bezeugen die Stammbäume von Lukas und Matthäus, ist ein Nachfahre Davids. Er als leiblicher Vater Jesu garantiert, daß der Messias aus der richtigen Familie kommt.

Gleichzeitig hatte sich das Bekenntnis durchgesetzt, daß Jesus der Sohn Gottes war. Die Evangelisten tragen auch dem Rechnung und präsentieren Gott als den zweiten oder ersten Vater.

Es gibt neben diesen beiden Anwärtern wahrscheinlich noch einen dritten. Die jüdische Sagensammlung »Toldoth Jeschu« erwähnt einen römischen Legionär Pandera als möglichen Vater[7].

Wer war Jesu Vater? Die Frage hat einen doppelten

Boden. Wenn sie als genealogische Frage verstanden wird, scheidet Gott als Vater aus: Seine Vaterschaft läßt sich nur gleichnishaft oder mythologisch verstehen. War Jesus der uneheliche Sohn eines römischen Legionärs? Mag sein. Vielleicht auch nicht. Wir wissen zu wenig, um solche Gerüchte und Andeutungen für glaubwürdig zu halten. Also bleibt Josef als einzige greifbare Figur übrig.

Aber die Frage: »Wer war Jesu Vater?« hat, wir deuteten es an, noch eine zweite Ebene jenseits von Genealogie, ehelich oder unehelich. Etwas anders gestellt lautet sie: Wer ist mein Vater? Was für ein Mensch ist das überhaupt? So verstanden signalisiert sie das ungestillte, unbefriedigte Bedürfnis nach dem Vater, sie verrät Suche und Sehnsucht, und sie kann sich nur stellen, wo Vater und Sohn nicht zueinander gefunden haben, wo der Vater sich dem Sohn nicht zu erkennen gegeben hat, wo, psychoanalytisch gesprochen, die Identifizierung mit dem Vater mißlungen ist. Wer bist du, Vater? – das ist die Frage in der Frage.

Wir werden später darauf stoßen, daß Jesus in dem Augenblick zu seiner eigenen Identität findet, als er endlich zu wissen meint, wer sein Vater ist. Der Vater gibt sich zu erkennen – und jetzt weiß der Sohn, welchen Weg er gehen wird. Wir werden sehen, daß Jesus fortan sich selbst als Sohn nur noch durch seinen Vater verstehen kann, so daß sich in jeder Aussage über den Vater eine indirekte Selbstaussage ausspricht. Die verspätete und überaus heftige Identifizierung Jesu mit »seinem«

64

Vater äußert sich beim erwachsenen Jesus in dem Spruch: »Ich und der Vater sind eins.« Der Glaube vernimmt in diesen Worten das tiefste Geheimnis der Trinität, der moderne, psychologisch geschulte, durchsäkularisierte Zeitgenosse hingegen liest daraus eine nachgeholte und um so intensiver erlebte Beziehungsgeschichte.

Josef: Ein Vater, der nichts zu sagen hat

Starke Väter stellen sich ihren Söhnen und geben sich zu erkennen. Sie flüchten nicht, verstecken sich nicht, entziehen sich nicht der Verantwortung, haben keine Angst, ohne die Maske einer höheren väterlichen Autorität aufzutreten. Schwache Väter bleiben im dunkeln und entziehen sich ihren Söhnen, statt sich ihnen zu stellen. Sie flüchten in die Arbeit, ins Vergnügen, ins Büro oder in die Kneipe, sie verbergen sich hinter der Zeitung, hinter der Mutter, hinter ihrem Charakter, hinter der eigenen leidvollen Vergangenheit oder hinter einer ideologischen Gebärde – ob autoritär oder anti, ist gleichgültig.

Alles, was wir über Josef wissen – viel ist es nicht –, deutet auf einen schwachen Vater, der zudem ein schwacher und in seiner Schwäche fürchterlich treuer Gatte einer dominanten Frau und Mutter war. Die fromme Legende mit ihrem untrüglichen Gespür für Wahrheit hat ihn im Lauf der Jahrhunderte gnädiglich rehabilitiert und seine offenkundige Unmännlichkeit in greisenhafte Güte verklärt. Die Verwandlung brauchte einige Jahrhunderte. In den Bildwerken der altchristlichen Zeit wird er noch als Mann in jugendlichem Alter dargestellt. Seit dem 5. Jahrhundert setzt die Verklärung ein: Josef bekommt eine Glatze und wird alt.

Wer war dieser Mann, dessen Name in der katholischen Glaubenslehre für das seltsame Konstrukt der »Josefsehe« herhalten muß, bei deren Abschluß die Gatten sich verabreden, die Ehe nicht zu vollziehen?

Wenn wir ihn etwas genauer in den Blick nehmen wollen, tauchen wir ein letztes Mal in die legendenhafte Welt der Geburtsgeschichten ein, denen es weniger um nachweisbare Tatsachen geht als um bedeutungsvolle Ereignisse einer höheren Wirklichkeit. Aber mehr haben wir nicht, und vielleicht sind in dieser verklärten Welt, die vom Licht des Mythos umspielt wird, Züge des realen Josef aufgehoben.

Das Hervorstechendste an diesem Mann ist die Tatsache, daß von ihm nicht ein einziges Wort überliefert wird. Dieser kaum beachtete Befund läßt sich unschwer so deuten, daß er offensichtlich nichts zu sagen hatte und wahrscheinlich auch gar nicht gefragt wurde. Dabei hätte er guten Grund gehabt, seinen Mund zu öffnen und sich zu Wort zu melden. Zum Beispiel als er erfuhr, daß seine Frau schwanger war, nur nicht von ihm. Zum Beispiel als der zwölfjährige Jesus in Jerusalem verschwand und ihn die Eltern nach drei Tagen wiederfanden. Nur die Mutter tadelt den Sohn. Aber Josef schweigt. So still und stumm, wie er die Bühne betritt und seine Rolle spielt, verläßt er sie auch wieder: Sein Tod wird nirgendwo erwähnt, und hätten nicht Lukas und Matthäus ihn ins Gerede gebracht, würde er lediglich als schwarzes Loch am neutestamentlichen Sternenhimmel erscheinen.

Ein stummer Gatte, ein stummer Vater, ein stummer Mann. Sehr träumerisch veranlagt. Sein Name verweist ja auf den großen Traumdeuter und Träumer Josef, den Sohn Jakobs. Aber dieser alttestamentliche Josef träumt in anderen Dimensionen. Er träumt sich selbst auf narzistische Weise: Mit seinen elf Brüdern bindet er Garben auf dem Feld, und seine Garbe richtet sich auf und steht, aber die Garben der Brüder stellen sich ringsumher und neigen sich vor ihm. Er träumt, daß Sonne, Mond und elf Sterne sich vor ihm neigen. Seine in Größenphantasien schwelgenden Träume kreisen um die Frage: Wer bin ich? Eins weiß der alttestamentliche Josef über sich: Er ist der geliebte Sohn seines Vaters, ein Hätschelkind, das vom alternden Jakob auf schamlose Weise verwöhnt wird und deswegen den Neid der Brüder auf sich zieht. Josef repräsentiert den Typ des vom Glück verwöhnten jüngsten Sohnes, dem das Schicksal nichts anhaben kann.

Anders der neutestamentliche Josef. Kaum hat er eine Frau gefunden, betrügt sie ihn. Auch seinen Träumen fehlt das Leichte, Schwerelose. Seine Träume ver-

dienen den Namen nicht, denn sie bestehen eher aus
Anweisungen, die keinerlei Deutungen bedürfen, die,
genau besehen, von geradezu subalterner Eindeutigkeit
sind: Nimm Maria als deine Frau! Nimm das Kind und
die Mutter und flieh nach Ägypten! Zieh zurück in das
Land Israel! Geh nach Nazareth! Nicht »Wer bin ich?«
heißt die Traumfrage, sondern »Was soll ich tun?«. Josef spielt offensichtlich die klassische Rolle des Fami-
lienvaters als Ernährer und Beschützer; die dritte Funk-
tion des Erzeugers stellt er nicht mehr so überzeugend
dar. Das deutet auf ein ungleiches Verhältnis zwischen
ihm und Maria; sie war allem Anschein nach die Domi-
nierende.

Freilich verbirgt sich bei ihm hinter der Frage nach
dem richtigen Verhalten die nach der Identität. Aber
unausgesprochen, unbewußt. Das deutet auf einen
Konflikt, der aus den Texten, die uns Matthäus überliefert, mühelos herausgelesen werden kann. Dort erscheint Josef als ein Mensch, der auf zwei Ebenen lebt,
die miteinander unverbunden bleiben. Seine rechte
Hand weiß nicht, was die linke tut, und die linke greift
mächtig ins Leben ein. Auf der Ebene des Bewußtseins
will er etwas anderes als auf der Ebene der träumerischen Intuition, die bei ihm in regelmäßigen Schüben
stark ausschlägt.

Zum Beispiel: Seine Verlobte wird schwanger. Ein
Skandal, ein Affront, eine tiefe Verletzung, denn er
liebt Maria. Er entschließt sich, sie zu verlassen, daran
gibt es nichts zu rütteln, das ist rechtens und richtig.

Abends liegt er auf seinem Lager und träumt vor sich hin. Er sieht die Mutter vor sich, wie sie mit dem Kind spielt, mit ihrem, aber nicht mit ihrem gemeinsamen Kind. Er ist ausgeschlossen aus dem fröhlichen Spiel und steht abseits. Sie, seine Verlobte, an deren Liebe er hängt, hat ihn ausgeschlossen. Der Schmerz steigt in ihm auf, er weint. Er weint um das Kind, das ihm nie gehören wird, um die Frau, die ihn betrog, um den Stolz und das verlorene Glück, und wie er so vor sich hinschluchzt, spürt er eine sanfte Hand, die ihm über die Stirn streicht und mit tief erlösender Stimme sagt: »Fürchte dich nicht, Maria trotzdem zu deiner Frau zu nehmen, sie hat dich nicht betrogen, es war heilige Liebe, der sie sich hingab – und das Kind wird wunderbar werden, und es wird dich von deinem Kummer erlösen, und deswegen wirst du es Jeschua nennen: Er wird erlösen.«

Josef ist eingeschlafen, während die Stimme zu ihm redet; er hat gerade noch die letzten Worte gehört: Jeschua, er wird erlösen.

Am nächsten Morgen steht er auf. Er weiß, er wird Maria nicht verlassen. Er wird bei ihr bleiben, bei der Frau, die ihn dominiert und ihm Hörner aufsetzt, die ihn abwertet und in die Rolle eines anderen, nicht geliebten Kindes drängt. Wenn man ihn fragte – aber Josef wird ja nie gefragt –, könnte er nicht erklären, warum er diesen Entschluß gefaßt hat. Er weiß nicht, daß er schwach, er weiß noch weniger, wie schwach er ist. Die hin und wieder aufflackernden Ausbruchsversuche wer-

den von seiner träumerischen Hingabe an die Verhältnisse weggeblasen. Und so tut er, ohne nachzudenken,
was ihm offenbar wurde. Er behält Maria, er nimmt das
Kind als seines an und nennt es Jeschua. Daß er die
Mutter verlassen wollte, hat er längst vergessen. Er hat
auch längst vergessen, warum er sie verlassen wollte.
Von diesem Wissen hat ihn die Traumanweisung mit
den besänftigenden Schlußworten befreit: Er wird erlösen...

Josef geht mit traumwandlerischer Sicherheit durch
sein Leben, und mit größter Selbstverständlichkeit führt
er Mutter und Kind durch alle Gefahren. Deswegen
wird er von vielen bewundert und anerkannt. Aber nie-
mandem könnte er erklären, warum er dieses tut und
jenes unterläßt. Auch seinem Sohn nicht, der ihn vielleicht gefragt hat. »Die innere Stimme hat mich ge-
führt«, mag er geantwortet haben. Vielleicht hat der
Sohn, ein Junge mit scharfer Beobachtungsgabe, wie
sich später erweisen wird, daraus gelernt und von Josef
seine traumwandlerische Sicherheit geerbt, wenn es um
die allgemeine Frage ging: Was sollen wir tun? Auch der
göttliche Vater Jesu, den Jesus später zum wirklichen
und einzigen Vater adoptierte, wußte ja immer genau,
was zu tun sei. Als es allerdings im Leben Jesu zur entscheidenden Krise kam, verließ ihn für eine Weile jene
Sicherheit des Handelns, mit der er seine Anhänger so
zu beeindrucken wußte. Keine innere Stimme ließ sich
vernehmen, kein Schutzengel nahm ihn an die Hand,
um ihn durch die Dunkelheit zu geleiten.

Betrachtet man Josef von außen, macht er den Eindruck eines vollkommenen Altruisten. Nie denkt er an sich. Als er vom Betrug seiner Verlobten hört, denkt er nur an Maria, nicht an sich. Als er in sinnierender Intuition dahinterkommt, mit wem seine Verlobte ihn betrogen hat, denkt er nur an Gott, nicht an sich: Er bleibt bei Maria und rührt sie bis zur Geburt Jesu nicht an. Als er beim träumerischen Dösen darauf kommt, es wäre besser, nach Ägypten zu fliehen, denkt er nur an die beiden, nicht an sich. Als er durch eine Art Vorspiegelung wahrer Tatsachen erfährt, daß Herodes gestorben und die Luft wieder rein ist, kehrt er unverzüglich zurück, denn er denkt nur an die Familie, nicht an sich. Aber dieser Altruismus täuscht. Josef lebt aus der Verdrängung. Er nimmt Gefahren und Opfer auf sich, er handelt mutig und entschlossen, um einer Frage aus dem Weg zu gehen: »Wer bin ich?« Lieber sich in reale Gefahr begeben, lieber zum Held werden, als sich dieser Frage stellen. Ihr geht er noch entschlossener aus dem Weg als dem Kindesmörder Herodes. Deswegen bringt er keinerlei Widerstand gegen die Anweisungen seiner Intuition auf; deswegen regt sich kein Wort des Widerspruchs in diesem Mann; deswegen ist er willfähriges Instrument höherer oder tieferer Mächte, die ihn lenken.

Wer war Josef? Ein Gehörnter, ein Betrogener, der sich kurz dagegen aufbäumte und sich schnell überreden ließ, aus Schwäche, nicht aus Liebe, seine Frau trotzdem zu lieben und das Kind als seines zu betrachten und anzunehmen. Eine nicht ganz ehrliche Adoption, über

71

die nicht gesprochen, über die ein heiliger Schleier geworfen wurde.

Der Vater ist tot – es lebe der Vater

Wer ist mein Vater? Josefs intuitiv verordneter Altruismus erweist sich als idealer Nährboden für diese Frage. Wo Schwäche und wahre Vaterschaft verschleiert und von beeindruckenden Heldentaten zugedeckt werden, entsteht ein Sog, der zu dieser Frage führt.

Wenn Jesus etwas mit Josef verband, dann die Frage: Wer bin ich? Josef ist vor ihr geflohen und hat damit das Problem auf den Sohn Jesus verschoben. Irgendwann mußte Jesus sich dieser Frage bewußt werden; das war das Ende seiner naiven Sohnschaft und der Beginn einer Geschichte, die er später in eines seiner berühmtesten Gleichnisse umgestaltete, dem Gleichnis vom verlorenen Sohn.

Wie gründlich der erwachsene Jesus von seinem angeblichen Vater Josef und damit von jeder familiären Vaterschaftsidee Abschied genommen hat, zeigt eine kleine Episode zwischen ihm und einem unbekannten Jünger. »Herr, erlaube mir, zuerst noch hinzugehen und meinen Vater zu begraben«, bittet ihn der Trauernde. Aber Jesus ist kein moderner Pfarrer, der seine Klienten zur Trauerarbeit auffordert. »Folge mir nach«, herrscht er den Jünger an, »und laß die Toten ihre Toten begraben!«

Der Abschied vom Familienvater könnte schroffer nicht verordnet werden. In dieser Unerbittlichkeit schwingt etwas Unbewältigtes, Forciertes und Gewaltsames nach: Jesus hat sich von seiner Familie nicht gelöst, sondern losgerissen. Die Spuren der damit verbundenen Angst- und Schuldgefühle finden sich in seinen Gleichnissen und Sprüchen zuhauf. Es genügt, die von ihm begründete Bewegung als eine Art Gegenfamilie zu verstehen, die nicht durch Blutsbande, sondern durch die Anerkennung Gottes als des alleinigen und einzigen Vaters zusammengehalten wird: »Und ihr sollt niemand euren Vater nennen auf Erden; denn nur einer ist euer Vater, und der ist im Himmel« (Matthäus 32,9).

Betrachtet man die Jesusbewegung als eine geistliche Familie, fällt auf, daß ihr Gründer, Jesus, nichts so sehr zu verhindern sucht wie das, was er mit seiner eigenen Familie getan hat: Abfall, Trennung. »Heulen und Zähneknirschen« droht er denjenigen an, die nicht mehr dazugehören wollen. »Wer nicht für mich ist, der ist gegen mich«, läßt er die Schwankenden wissen.

Unbedingte Loyalität ist Grundvoraussetzung für die Mitgliedschaft. Der Eintrittspreis ist hoch: »Denn ich bin gekommen, um den Sohn mit seinem Vater zu entzweien und die Tochter mit ihrer Mutter und die Schwiegertochter mit ihrer Schwiegermutter, und die Hausgenossen eines Menschen werden seine Feinde sein« (Matthäus 10,35f).

Im Gleichnis von den zehn Jungfrauen werden die, die den entscheidenden Augenblick verpaßt haben, mit dem Wort abgespeist: »Wahrlich, ich sage euch: Ich kenne euch nicht.« Jesus stellt seine Hörer vor ein folgenreiches Entweder-Oder: »Wer diese meine Rede hört und sie nicht tut, der gleicht einem törichten Mann, der sein Haus auf Sand baute. Als nun ein Platzregen fiel und die Wasser kamen und die Winde wehten und an das Haus stießen, da fiel es zusammen, und sein Einsturz war gewaltig« (Matthäus 7,26f).

Unschwer läßt sich in diesen ultimativ vorgetragenen, von Drohungen aufgeladenen Forderungen etwas Unbewältigtes erkennen: die Tatsache nämlich, daß Jesus seine Familie verließ – nicht mit freundlichen Abschiedsworten, sondern als ein zorniger junger Mann, der seine Angehörigen fortan auf beleidigende Weise verleugnete. Die unbewältigten, verdrängten Angst- und Schuldgefühle kehren in seinen steilen Forderungen wieder, und zwar in der Form, wie sie am erträglichsten erscheinen: gegen andere gerichtet, nicht gegen sich selbst. Um so deutlicher spiegelt sich in ihnen sein eigenes Verhalten.

Dritter Teil

Die Mutter

Josef war ein rätselhafter, schwacher Vater, dem Jesus gleichwohl einen großen Teil der Dynamik seines Lebens zu verdanken hatte: jene suchende Bewegung, die zur Jesusbewegung anschwoll und paulinisch abgewandelt als Christentum zur Weltreligion wurde – einer Religion, die jesuanische Motive aufgriff, sie aber zu einer anderen Melodie umkomponierte.

Das Mißverhältnis zwischen der Botschaft des historischen Jesus und dem Christentum ist zwar schon im vorigen Jahrhundert von der protestantischen Bibelwissenschaft deutlich benannt worden. Breitenwirkung entfaltet diese Erkenntnis allerdings erst in diesem Jahrhundert. Das ist kein Zufall. Erst unter den Lebensbedingungen der »vaterlosen Gesellschaft« entsteht ein Sehwinkel, dem der blinde Fleck herkömmlicher Theologie, die selbstverständliche Allmacht und Allgegenwart des Vaters, ins Blickfeld fällt. Wenn der Vater weder allmächtig noch allgegenwärtig ist, entsteht ein Vakuum, dessen Sog uns über die Jahrtausende hinweg in die Nähe der jesuanische Urerfahrung führt: des verlorenen Sohnes auf der Suche nach seinem Vater.

Die Beschreibung der Beziehung zwischen Jesus und seinen Vätern, dem sichtbaren und dem unsichtbaren, wäre allerdings unvollständig, ohne einen Seitenblick auf Maria zu werfen, die Mutter des Herrn, wie sie weihevoll in der Liturgie genannt wird. Die drei Evangelisten Markus, Matthäus und Lukas machen keinen Hehl aus der Tatsache, daß die Beziehungen zwischen dem erwachsenen Sohn und seiner Mutter gespannt sind. Um das zu entdecken, bedarf es keiner großen wissenschaftlichen Bemühung, Es reicht, einfach zu lesen, was geschrieben steht.

Auch das Johannesevangelium läßt an dem Mutter-Sohn-Konflikt keinen Zweifel, was vor allem dann erkennbar wird, wenn man die betreffende Geschichte, die Hochzeit in Kana, gegen den Strich üblicher Auslegung bürstet. Johannes ist im übrigen außer Lukas der einzige Evangelist, der ein – wenn auch sehr kurz gehaltenes Gespräch – zwischen Jesus und Maria überliefert.

Während Josef nur in den Kindheitsgeschichten Jesu auftritt und in den Berichten über den erwachsenen Jesus nicht mehr erwähnt wird, ist Maria ständig anwesend; sie begleitet ihren Sohn bis zu dessen Hinrichtung; danach schließt sie sich, eine Mutter, die ihren Sohn überlebt, der jungen Gemeinde an.

Der Mythos hat sich ihrer mit ganz anderer Heftigkeit bemächtigt. Josef steht nur mit einem Bein in der mythischen Welt, die andere Hälfte bleibt diesseits der Verwandlung, und dieser nur halb gelungene Aufstieg in die Welt der Götter steuert einiges zu dem Eindruck von Unzulänglichkeit bei; es fehlt ihm schlicht an Format, weswegen sich der Verdacht aufdrängt, daß man ihm den Heiligenschein weniger für seine Verdienste, sondern mehr als Entschädigung verliehen hat.

Maria hingegen erstrahlt in mythischem Glanz, vor allem in den Geburtsgeschichten von Matthäus und Lukas. Über das 16jährige Mädchen legt sich sanft der Archetyp der Heiligen Jungfrau.

Verloren: Der erste Machtkampf

Aber plötzlich tritt eine ganz andere Maria auf – eine normale, besorgte Mutter, die Probleme mit ihrem Sohn hat. Das beginnt schon sehr früh, bei Lukas.

Jesus ist zwölf Jahre alt. Die Familie pilgert zum Passah-Fest nach Jerusalem. Dort verschwindet der Knabe, ohne daß die Eltern sein Fehlen bemerken. Da die Familien in größeren Gruppen unterwegs waren, behielt man nicht jeden einzelnen im Auge. Sie machen sich ahnungslos auf den Heimweg, und erst nach einem Tag fällt ihnen auf, daß er nicht da ist. Also kehren sie wieder zurück.

Nach drei Tagen vergeblicher Suche finden sie ihn »im Tempel, wie er mitten unter den Lehrern saß, ihnen zuhörte und sie fragte«.

Sie sind fassungslos, Maria macht ihm Vorwürfe: »Kind, warum hast du uns das getan? Siehe, dein Vater und ich suchen dich mit Schmerzen.« Der zwölfjährige Knabe antwortet, als spräche eine andere, fremde Person aus ihm: »Warum habt ihr mich gesucht? Wußtet ihr nicht, daß ich in dem sein muß, was meines Vaters ist?« Lukas setzt den bemerkenswerten Schlußsatz hinzu: »Und sie verstanden das Wort nicht, das er zu ihnen sprach« (Lukas 2,49).

Unverständnis, Fremdheit, Verwirrung – die paradiesische Familienidylle, von der die Geburtsgeschichten erzählen, ist plötzlich zerstört. Eine für die Familie bedrohliche Suche nach seinem wirklichen Vater verwandelt den Knaben in ein fremdes Wesen.

Die alten Kommentatoren haben diese Episode immer mit einem heiligen Schauer gelesen: Schon als Knabe von zwölf Jahren zeige sich Jesus den erfahrenen Lehrern Israels voll gewachsen; solche Weisheit könne ihm nur von Gott zukommen; er sei ganz für Gott da und nur noch halb für seine Eltern; seine Haltung zeuge von übernatürlicher Herkunft.

Immer fragen sich die Exegeten, sofern sie diese Geschichte für mehr als fromme christliche Legendenüberlieferung halten, welche geheimnisvolle Kraft den Knaben zum Tempel zieht. Sie fragen nicht nach dem, was näher liegt: welche Erfahrung ihn von zu Hause wegtreibt. Aber genau dies, daß der Knabe wegläuft, gibt der Episode einen Schimmer von Wahrscheinlichkeit. Sie hat erstaunliche Ähnlichkeit mit dem berühmten Gleichnis vom verlorenen Sohn. Dieses Gleichnis erzählt die Geschichte eines Sohnes, der sein väterliches Zuhause verläßt und in tiefstes Elend gerät. Reumütig kehrt er zurück und wird von seinem Vater großherzig wieder aufgenommen.

Die Jerusalemer Episode mutet wie eine spiegelverkehrte und konzentrierte Version des Gleichnisses an.

Die Ausgangslage in beiden Geschichten ist die gleiche: Der Sohn verläßt sein Zuhause ohne Angabe von Gründen. Aber der Knabe gerät nicht ins Elend, zu den Schweinen, sondern umgekehrt, in den Tempel, ins

Heiligtum, dorthin, wo seine Sehnsucht ihn zieht. Er will zum Vater.

Der verlorene Sohn im späteren Gleichnis will weg vom Vater. Dem Höhepunkt des einen entspricht der Tiefpunkt des anderen. Der Knabe verspürt keinerlei Lust, zu seinen Eltern zurückzukehren. Sie müssen ihn suchen und zum Mitkommen überreden. Der verlorene Sohn hingegen will wieder zurück zum Vater; er macht sich auf den Heimweg, wirft sich vor dem Vater nieder und bittet ihn um Verzeihung.

Das tut der Knabe Jesus nicht. Im Gegenteil, die Jerusalemer Episode hinterläßt den Eindruck, als sei der Junge nur widerwillig mit seinen Eltern ins Heimatdorf Nazareth zurückgekehrt, als habe Maria ihm heftig ins Gewissen reden müssen. Bereits hier leuchtet seine später von ihm so deutlich bekundete Abneigung gegen Sippe, Clan und Familie auf.

Beide Geschichten, die Jerusalemer Episode und das Gleichnis vom verlorenen Sohn, werden nur von Lukas überliefert. Die heutige Forschung neigt dazu, die Erzählung vom frühreifen Knaben für fromme Legende zu halten, die das außergewöhnliche Gottesverhältnis des jungen Jesus hervorheben will. Warum nicht dem Evangelisten Lukas neben frommen Absichten theologische Ironie zutrauen? Die angebliche Legende läßt sich als erster Versuch Jesu lesen, seinen Vater zu finden – ein Unternehmen, das eine zwar schon starke, aber noch eher konventionelle religiöse Mentalität offenbart: Er vermutet den Vater dort, wo man ihn eben zu finden meint, im Tempel. Offensichtlich fehlten dem Knaben damals noch die Lebenserfahrungen, die ihn später zu seinem revolutionären Schritt inspirierten, den Vater bei den Verlorenen zu suchen, nicht im offiziellen Heiligtum und noch weniger bei den wohlbestallten Priestern und Theologen. Immerhin läßt sich der Knabe schnell überreden, wieder in den Schoß der Familie zurückzukehren: Da wird ihn nicht nur die Überredungskunst der Mutter überzeugt haben.

Der Eindruck bleibt, als habe Jesus einen mißlungenen Anlauf genommen, als habe er gleichsam falsch gezielt. Er suchte seinen Vater im Tempel, in der Stätte des Kults und der Gelehrsamkeit. Vielleicht liegt der Grund für seine zwar widerwillige, aber doch verständliche Rückkehr in den Schoß der Familie in dem Gespür, im Tempel Gott höchstens zu wittern, ihm aber dort nicht zu begegnen, als ahnte er nach drei Tagen Tempel und gelehrter Gespräche, daß man ihm hier mehr Steine als Brot reichte.

Bleibt die Frage, was Jesus von der Familie weggetrieben hat.

Warum läuft ein Knabe seinen Eltern weg?

Vielleicht waren die familiären Verhältnisse eng und armselig; vielleicht fehlte etwas Entscheidendes zu Hause. Vielleicht war ihm, als ob irgend etwas von ihm, was er nicht kannte, was aber zu ihm gehörte, irgendwo in der Welt sich herumtrieb. Das Weglaufen von zu Hause ist auf seltsame Weise mit der Reisesehnsucht und vor allem mit der heutigen Reisewut verwandt[8].

Als Achtzigjähriger schreibt Freud an Romain Rolland über die beengten Lebensverhältnisse seiner Jugend: »Die Sehnsucht zu reisen war gewiß auch ein Ausdruck des Wunsches, jenem Druck zu entkommen, verwandt dem Drang, der soviel halbwüchsige Kinder dazu antreibt, von Hause durchzugehen. Es war mir längst klar geworden, daß ein großes Stück der Lust am Reisen in der Erfüllung dieser frühen Wünsche besteht, also in der Unzufriedenheit mit Haus und Familie wurzelt.«[9]

Das Bild von der Reise drängt sich für das Leben Jesu geradezu auf, im zweifachen Sinn. Er begab sich als erwachsener Mann wandernd und pilgernd auf eine höchst abenteuerliche Reise; und gleichzeitig machte er einen welthistorisch wirksamen »Seelentrip«, dessen Symbolkraft in manchem an die Eindringlichkeit von LSD-Erlebnissen erinnert.

Der verlorene Sohn. Seine Eltern haben ihn verloren. Er hat sein Elternhaus verlassen. Sie suchen ihn. Er sucht seinen Vater. Seine Eltern finden ihn wieder. Er hat den Vater gefunden. Er kehrt mit seinen Eltern nach Hause zurück. Aber die Sehnsucht nach dem Vater bleibt. Ein Präludium. Alle Motive seiner späteren Passion sind hier in seltsam klarer Mischung vereint.

Jesus ist erst zwölf Jahre alt. Schon so früh klingt das Vatermotiv an. Seine Mutter stellt ihn zur Rede – das wird sie später noch mehrere Male versuchen –, und er bringt als Antwort den wirklichen Vater ins Spiel, der paradoxerweise unsichtbar ist. Auch diese Antwort wird sich später, beim erwachsenen Jesus, wiederholen.

Zum unsichtbaren Vater gehört er, dort ist sein Zuhause, dort *muß* er sein. Dieser Wunsch ist so unbezwinglich, daß ihm die Familie, zu der der sichtbare, aber offensichtlich nicht wirkliche Vater Josef gehört, zur Nebensächlichkeit verblaßt.

Aber noch etwas anderes fällt auf: Maria, die jungfräuliche Gottesmutter, die, so überliefert es derselbe Lukas, alle Engelsworte behalten und in ihrem Herzen bewegt hatte, jene weihnachtliche Verheißung: »Siehe, ich verkündige euch große Freude, die dem ganzen Volk widerfahren wird; denn euch ist heute der Heiland geboren; das ist Christus, der Herr« – diese Maria soll zwölf Jahre später von alledem nichts mehr wissen? Sie kann es nicht wissen, weil es bei Lukas (und Matthäus) zwei Marias gibt: eine mythische und eine reale.

Für unsere Überlegungen sind die Berichte über die reale Maria höchst aufschlußreich. Da ist eine Mutter, die meinte, ihren Sohn zu kennen. In einer für sie unverständlichen, fast rauschhaften Anwandlung läuft er plötzlich von seiner Familie weg, offensichtlich ohne sich zu überlegen, ob er die Eltern in Sorge und Angst stürzt. Und dann gibt er seiner Mutter, die nach drei Tagen Suche vor Erschöpfung und Freude über den wiedergefundenen Sohn in Tränen ausbricht, die kühle, gefühllos erhabene Antwort: »Wißt ihr nicht, daß ich im Hause meines Vaters sein muß?«

Der Schock in Jerusalem muß auf sie wie ein Warnsignal gewirkt haben, wie das unberechenbare Aufflakkern eines seltsamen Wahns. Man bedenke: Maria, eine

normale Frau aus einem jüdischen Dorf, Mutter eines
genialen, vulkanischen Sohnes, dessen Persönlichkeit
und Emotionalität alle anderen überragt, der seine Familie zugleich beglückt und bedroht, inspiriert und be-
ängstigt. Welche Schwankungen und Turbulenzen muß
ihr ältester Sohn in ihr ausgelöst haben.

Danach war – scheinbar – Ruhe. Gut zwanzig Jahre
Ruhe, Normalität.

Von Pflanzen und Menschen

Waren es wirklich zwanzig Jahre Normalität? Eine
Reihe von meist nicht sonderlich seriösen Forschern
meint zu wissen, was Jesus währenddessen trieb: Er
führte ein abenteuerliches Wanderleben, marschierte
bis nach Indien und Ägypten und sog sich dort voll mit
orientalischer Weisheit. Dann kehrte er zurück, provo-
zierte als tiefsinniger, aber unjüdischer Lehrer die Hinrichtung, überlebte seine Kreuzigung und kehrte nach
längerer Rekonvaleszenz zurück ins ferne Indien. Er
heiratete, zeugte Kinder und starb hochbetagt.

Solche Spekulationen spüren etwas Richtiges: die Bewegung einer lebendigen, dynamischen Entwicklung,
die sich in Jesus vollzog. Um ihre Stationen auszuma-
chen, bedarf es allerdings keiner äußerlichen Kon-
strukte geographischer Art. Man muß nicht nach Indien

wandern, um weise zu werden. Die meisten Indienfahrer kehren ohne Gewinn wieder zurück, und viele, die nie ihr Land verließen, wissen mehr und Tieferes.

Was in den zwanzig Jahren geschehen sein mag, läßt sich aus einigen Gleichnissen Jesu erschließen. Sie erzählen von einer zwiefachen Haltung der Seele, einer aktiven und einer passiven.

Die passive verbindet den Menschen mit den Pflanzen, mit ihrer geradezu frommen Hingabe an das Gesetz von Wachsen, Blühen und Vergehen, mit ihrer schrankenlosen Ergebung an ein Geschehen, das ihnen ohne ihr Zutun zur Entwicklung verhilft. Mit diesem Bild ruft der Erzähler Jesus die Stimmung von Kindheit und Jugend wach: »So steht es mit dem Gottesreich: Wie wenn ein Mann den Samen aufs Erdreich auswirft und sich dann schlafen legt und wieder aufsteht, Tag für Tag und Nacht für Nacht. Und der Same keimt und wächst – wie, das weiß er selbst nicht. Ganz von allein bringt die Erde Frucht, zuerst den Halm, dann die Ähre, dann das volle Korn in der Ähre. Doch sobald es die Frucht zuläßt, schickt er die Sichel; denn die Ernte ist gekommen« (Markus 4,26–29).

Wenn die seelische Entwicklung dieses Stadium erreicht hat, bedarf es nur noch eines äußeren Anlasses, um zwanzig Jahre Ruhe und Normalität hinter sich zu lassen und auf die Reise zu gehen. Ein Ruf genügt, der Ruf eines Propheten in der Wüste. Nichts kann Jesus wieder zurückwerfen wie damals, als er noch ein Knabe war und sich von der Redekunst seiner Mutter davon überzeugen ließ, daß er noch nicht reif genug war – ein Kunststück, das der Mutter nur deswegen gelang, weil Jesus selbst spürte, wie recht sie hatte.

Diese Erfahrung hat er nicht vergessen, sondern ihre Essenz seinen Nachfolgern als Aufforderung zur nüchternen Bilanzierung weitergegeben. Deutlich läßt er durch die Wahl seines Bildes den inneren Kampf erkennen, den er damals gegen seine Mutter gefochten hat – um zu unterliegen: »Welcher König zieht aus, um einem anderen König den Krieg ins Land zu tragen, und setzt sich nicht zuvor hin und hält Rat, ob er auch imstande ist, seine zehntausend Mann ins Treffen zu führen gegen den, der mit zwanzigtausend gegen ihn heranzieht? Andernfalls schickt er ihm, solange er noch fern ist, eine Gesandtschaft zu und bittet ihn um Frieden. So steht es auch mit euch: Jeder, der sich nicht trennen will von allem, was er besitzt, kann nicht mein Jünger sein« (Lukas 14,31–33).

Der Ratschlag deutet es bereits an: Die passive Haltung wird unterstützt und umspielt von einer aktiven. Auch sie findet Ausdruck in etlichen Gleichnissen Jesu. Die langsam heranreifende Seele ahnt, daß sie sich einer Entscheidung entgegenbewegt, einem Ereignis, das jederzeit, plötzlich, das Gewebe der Alltäglichkeit durchreißen kann: Gott als Einbruch, als Explosion und Katastrophe, die die Verhältnisse auf den Kopf stellt, die Beziehungen durcheinanderbringt, Prioritäten durcheinanderwirft und die geordnete Normalität in Chaos verwandelt. Gott als Bürgerschreck, als lustvoller Anarchist. Gott als Einbrecher: »Darum wachet! Denn ihr wißt nicht, an welchem Tag euer Herr kommt. Das aber merket: Wenn der Hausherr wüßte, in welcher Nachtwache der Dieb kommt, würde er wachen und nicht in sein Haus einbrechen lassen« (Matthäus 24,42 f.).

Wachsamkeit – diese Witterung für innere und äußere Ereignisse gehört zu Jesu Eigenschaften. Aber seine Energien erschöpfen sich darin nicht. Er will die pflanzenhafte Entwicklung nicht nur sich selbst überlassen, sondern vorantreiben, beschleunigen, um zum Ziel seiner Suche zu kommen, und das mit äußerster Beharrlichkeit: »Wer von euch hat wohl einen Freund und geht um Mitternacht zu ihm und sagt zu ihm: ›Freund, leih mir bitte drei Brote, denn ein Freund von mir ist auf der Durchreise bei mir abgestiegen, und ich habe nichts, was ich ihm vorsetzen kann‹; und der gibt von drinnen zur Antwort: ›Mach mir keinen Ärger! Die Tür ist schon abgeschlossen, meine Kinder liegen bei mir im Bett – ich kann nicht aufstehen und es dir geben‹? Ich sage euch, selbst wenn er nicht aufsteht und es ihm gibt, weil es sein Freund ist, so wird er doch um seiner Unverschämtheit willen aufstehen und ihm geben, was er braucht« (Lukas 11,5–8). Beharrlichkeit, die in Unverschämtheit mündet, aus einem Begehren, aus einer Sehnsucht, die kein Hindernis gelten lassen will, die sich Bahn brechen will unter Verletzung jeder Konvention, die Türen einschlägt. Darum die Empfehlung: »Klopft an, so wird euch aufgetan!« Das ist nicht als sanftes

Klopfen, sondern als Hämmern, Rammen, Schlagen und Treten gemeint, als heftigster Befreiungsakt, der die verschlossene Tür aus den Angeln brechen will.

Die Paarung von passiver und aktiver Haltung spiegelt jenes Hin- und Herschillern zwischen kindlicher Ergebenheit und erwachsener Selbstbehauptung, die Jesus kennzeichnet, sein Vertrauen und seine Entschlossenheit, seine Güte und seine Aggression.

Die spätere Theologie hat daraus das Gegensatzpaar von Leistung und Gnade abstrahiert. Bis in die Gegenwart verkündigen die Theologen, daß vor Gott nicht die Leistung zähle, daß er den Menschen annehme, ohne dessen Leistung zu verrechnen. Dieser theologische Lehrsatz stimmt nur, wenn dabei nicht unterschlagen wird, welcher Leistung es bedurfte, um die Gnade überhaupt zu entdecken. Immer sind es die Nachgeborenen, die von den großen religiösen Leistungen anderer profitieren und dann hinausposaunen, auf Leistung komme es nicht an, da Gott alle aus Liebe annehme. Damit entmündigen sie den einzelnen und betrügen ihn um die Herausforderung, das Befreiende der Gnade selber zu entdecken – was ohne allergrößte Anstrengung und Leistung gar nicht möglich ist, wie ein Blick auf das Leben der großen religiösen Meister und Lehrer zeigt.

Bei Jesus, dem Juden, gibt es nicht den lutherischen Gegensatz von Leistung und Gnade. Das lebendige Ineinander beider prägt seine Verkündigung. Allerdings bekämpft er eine bis heute weit verbreitete und offensichtlich unausrottbare Mentalität, die formal-religiöse

Betätigung wie mechanisches Beten oder wöchent-
lichen Kirchgang als religiös verrechenbare Leistung
deklariert.

Gefunden: Der zweite Machtkampf

Zwanzig Jahre Schweigen liegen über dem Leben Jesu
seit der Jerusalemer Episode. Dann bricht diese fremde
Persönlichkeit, die sich schon einmal in dem Knaben ge-
zeigt hatte, wieder durch, und diesmal endgültig. Die
Sehnsucht nach dem Vater ist stärker.

Jesus kehrt sich ab, läßt Familie und Beruf liegen,
schließt sich zuerst der Bewegung des Täufers an und
verwandelt sich dann in einen Wanderprediger, der von
Dorf zu Dorf zieht. Vielleicht hatte Maria den Zwi-
schenfall in Jerusalem nie wahrhaben wollen und immer
weggeschoben, wenn sie sich erinnerte. Aber an dem
Tag, als ihr scheinbar ganz normaler und gesunder Sohn
plötzlich für immer das Haus verließ, brach die Erinnerung mit Wucht in ihr Gedächtnis ein und mit ihr die
Angst vor seiner rücksichtslosen Konsequenz, mit der
er sich selber in Gefahr und andere in Sorge und Verwirrung warf. Sie erinnerte sich an das Gefühl kalter Be-
fremdung, ihren Sohn, der ihr so vertraut war, nicht
mehr wiederzuerkennen, wie er im Tempel saß und mit
den Priestern diskutierte.

Ein exaltierter, überdrehter Knabe, der sie, seine Mutter, wie eine Fremde behandelte. Für einen Moment dachte sie schon damals: Er ist verrückt geworden. Aber dann verschwand diese unheimliche Verwandlung, die alte Vertrautheit kehrte wieder zurück. Jesus, ihr geliebter Ältester, wurde wieder normal.

»Und er ging in ein Haus. Da kam das Volk wieder zusammen, so daß sie nicht einmal essen konnten. Und als es die Seinen hörten, machten sie sich auf und wollten sich seiner bemächtigen; denn sie sagten: Er ist von Sinnen« (Markus 3,20f).

Die knappen Sätze von Markus zeigen, daß inzwischen nicht nur Maria, sondern auch die Schwestern und Brüder den Ältesten für verrückt halten und ihn am liebsten in Gewahrsam nähmen. Auch die weitere Sippe und die Nachbarn aus Nazareth meinen, er sei übergeschnappt und verdreht. Sie kennen ihn als normalen, freundlichen Angehörigen einer Dorfsippe: »Ist er nicht der Sohn des Zimmermanns? Heißen nicht seine Mutter Maria und seine Brüder Jakobus und Josef und Simon und Judas? Und seine Schwestern, sind sie nicht alle bei uns?« (Matthäus 13,55f). Jetzt tritt er im Kostüm eines geistdurchwehten Gottesmannes auf. Sie machen sich über ihn lustig: »Wie kommt *der* zu solcher Weisheit und solchen Taten? Woher kommt ihm denn das alles?« (Matthäus 13,56). Jesus reagiert mit einem klassischen Aperçu: »Ein Prophet gilt nirgends weniger als in seinem Vaterland und bei seinen Verwandten und in seinem Hause« (Matthäus 13,57).

Aber das ist noch milde gekontert. Wie tiefgreifend seine Verwandlung wirklich ist, erfährt vor allem seine Familie: Seit seinem Aufbruch an den Jordan will er von Sippe und Verwandtschaft nichts mehr wissen: Er will nicht mehr Sohn dieser Mutter, will nicht mehr Bruder dieser Geschwister sein; eine Haltung, die er auch von seinen Anhängern verlangt:»Denkt nicht, ich sei gekommen, Frieden auf Erden zu bringen. Ich bin nicht gekommen, Frieden zu bringen, sondern das Schwert; denn ich bin gekommen, den Menschen zu entzweien gegen seinen Vater und die Tochter gegen ihre Mutter« (Matthäus 10,34ff).

Wer sich als Teil der Großfamilie definiert und sein Selbstverständnis aus der Familienzugehörigkeit bezieht, wird von Jesus vor die Wahl gestellt:»Wenn jemand zu mir kommt und haßt nicht Vater, Mutter, Frau und Kinder, Brüder und Schwestern und dazu noch sich selbst, der kann nicht mein Jünger sein« (Lukas 14,26).

Er kennt keine sanften Übergänge, keine Probezeiten, kein dialektisches Sowohl-Als-Auch, nur Ja oder Nein, Entweder-Oder:»Wenn dich deine Hand zu Fall bringt, haue sie ab... Und wenn dich dein Fuß zu Fall bringt, haue ihn ab... Und wenn dein Auge dich zu Fall bringt, reiße es aus« (Markus 9,43ff).

Mit einer Härte, die mit dem Wort »unchristlich« nur schwach getroffen ist, streicht er gemeinsame Vergangenheit, Zuneigung und Liebe aus. Seine Familie muß bestürzt, empört und verletzt gewesen sein.

Hier zeigt sich der Loyalitätskonflikt, in den Jesus

seine Anhänger hineintreibt, ein Konflikt, den er selber, wie bereits angedeutet, nur durch Verdrängung aushalten kann. Die Kirche hat im Lauf der Jahrhunderte die familienfeindliche Pointe der jesuanischen Verkündigung abgeschwächt, weil mit ihr nur wenige Erwählte zu gewinnen sind. Moderne Sekten, die Kinder von ihren Familien losreißen, vermitteln eine Ahnung von jenem Entweder-Oder, vor das Jesus potentielle Jünger stellte. Er zwang niemanden, aber er übte Druck aus.

Mutter und Geschwister unternehmen einen letzten Anlauf, um den durchgedrehten Sohn zurückzuholen: »Und seine Mutter und seine Brüder kamen und standen draußen und ließen ihn rufen. Und das Volk saß um ihn herum. Und sie sagten zu ihm: Siehe, deine Mutter und deine Brüder und deine Schwestern draußen fragen nach dir. Er aber antwortete ihnen: Wer sind meine Mutter und meine Brüder? Und er sah ringsum auf die, die um ihn im Kreise saßen, und sagte: Seht, das sind meine Mutter und meine Brüder. Denn wer Gottes Willen tut, der ist mein Bruder und meine Schwester und meine Mutter« (Matthäus 12,46–50).

Nur der wirkliche, unsichtbare Vater stiftet Familie.

Patt: Die Hochzeit zu Kana

Von einer vorletzten Begegnung zwischen Sohn und Mutter berichtet der Evangelist Johannes in einer kurzen Geschichte. Sie wird herkömmlicherweise »Die Hochzeit zu Kana« genannt und ist schon in ihrer ursprünglichen Fassung von einem Schildkrötenpanzer theologischer Deutung umgeben. Für unsere Überlegungen reicht es, sich lediglich die erste Hälfte der Wundergeschichte anzusehen:

»Und am dritten Tage war eine Hochzeit in Kana in Galiläa, und die Mutter Jesu war dabei, Jesus aber und seine Jünger waren auch zur Hochzeit eingeladen. Und als der Wein ausging, sagte die Mutter Jesu zu ihm: Sie haben keinen Wein mehr. Jesus antwortete ihr: Weib, was habe ich mit dir zu schaffen? Meine Stunde ist noch nicht gekommen. Seine Mutter sagte zu den Dienern: Was er euch sagt, das tut« (Johannes 2,1–5).

Jesus verwandelt dann hundertzwanzig Liter Wasser in erstklassigen Wein.

Die katholische Theologie versucht, die widerborstige Antwort Jesu abzumildern und Marias Auftreten zu glorifizieren. Ihre Einmischung, so interpretiert die katholische Marienlehre, beweise Mitleid, Erbarmen und Aufmerksamkeit der Mutter Jesu; durch das Wunder werde vor allem die Wirksamkeit ihrer Fürsprache bei Christus offenbart.

Die evangelische Theologie ist – von feministischen

Entwürfen abgesehen – weniger an Maria, um so mehr an dem symbolischen Sinn der Wandlung von Wasser in Wein interessiert. Das Verhältnis zwischen Jesus und seiner Mutter wird nur am Rande thematisiert.

Die große Mehrzahl katholischer wie evangelischer Theologen vertritt allerdings die Ansicht, daß Maria an die Wunder- und Heilkräfte ihres Sohnes glaubte und ihn dabei, sofern die Gelegenheit es ihr gestattete, unterstützte. Als Beleg gilt – die Hochzeit zu Kana.

Diese Auffassung hat nicht viel Wahrscheinlichkeit für sich. Eine Mutter, die ihren Sohn für verrückt hält, wird kaum zur gleichen Zeit an sein angebliches Charisma glauben. Entweder sie ist von ihm überzeugt, dann kann sie ihn nicht für verrückt halten. Oder sie hält ihn für irrsinnig. Dann wird sie ihn nicht unterstützen, im Gegenteil, sie wird versuchen, ihn von seinem Weg abzubringen.

Aber die Episode von Kana läßt sich auch anders deuten. Der jüdische Schriftsteller Schalom Ben-Chorin liest aus den Ereignissen eine tragikomische Mutter-Sohn-Beziehung heraus[10]. Maria, so Ben-Chorin, verlangt keineswegs ein Wunder von ihrem Sohn. Sie war unabhängig von ihm zur Hochzeit gekommen. Kurz danach traf er mit seinen Jüngern ein. Als Maria merkte, daß der Wein ausging, konnte sie sich eine hämische Bemerkung nicht verkneifen. Sie wußte, daß Jesus als Fresser und Weinsäufer verschrien war, und sagte ihm sinngemäß: »Der Wein ist ausgegangen, für dich ist hier nichts mehr zu holen.« Jesus reagiert zornig und sagt:

»Was habe ich mit dir zu tun, Weib?« – eine grobe Beleidigung seiner Mutter. Und dann: »Meine Stunde ist noch nicht gekommen.« Ben-Chorin interpretiert den Satz als eine Drohung: »Du wirst noch sehen, was aus dem Mißachteten wird.« Die eingeschüchterte Maria wendet sich nun aus Angst vor ihrem jähzornigen Sohn ans Küchenpersonal, um einen möglichen Skandal auf der Hochzeit zu vermeiden: »Alles, was er euch sagt, das tut.« Nun folgt das Wunder, das uns an dieser Stelle nicht interessiert.

Folgt man Ben-Chorins Interpretation, gewinnt Marias Beziehung zu Jesus an Nuancen. Obwohl sie ihren Sohn für einen übergeschnappten Schwärmer hält, hängt sie an diesem Sorgenkind. Ihre ambivalente Haltung, ihr Schwanken zwischen Liebe und Unverständnis, zwischen Zorn und Schuldgefühlen, drückt sich auf fast komödiantische Weise in der Aufeinanderfolge von Spötterei und besorgter Vorkehrung aus. Sie fürchtet zwar seinen Jähzorn, seine verletzenden Seitenhiebe, die scheinbare Endgültigkeit, mit der er sich von ihr abgewendet hat. Vielleicht mußte sie oft an den Satz denken, den ihr, so überlieferte es Lukas in den Kapiteln über Jesu Kindheit, damals der alte Mann Simeon in Jerusalem gesagt und den sie nie verstanden hatte: »Und auch durch deine eigene Seele wird ein Schwert dringen.« Ihr Sohn selbst ist es, der das Schwert der Trennung gegen sie führt, indem er sie vor anderen demütigt und beleidigt und sie als seine Mutter verleugnet.

Ihr Schmerz ist vor allem deswegen so schlimm, weil

95

sie sich von ihm nicht trennen kann. Ihm scheint die Abwendung von der Mutter nichts anzuhaben; in der rauschhaften Emphase seiner Vaterorientierung gibt es keine Mutter mehr und deswegen keinen Trennungsschmerz; neben der Sonne sieht man keine anderen Sterne, und leuchteten sie noch so hell. Sie hingegen liebt ihren Sohn, hängt an ihm und kann ihn nicht aufgeben. Sie hat nicht, wie er, eine große Leidenschaft, von deren Stärke er in den Hintergrund gedrängt wird. Sie leidet an ihm, er aber nicht an ihr. Sie ist in der schwächeren Position der Ausgelieferten, und niemand kann sie daraus befreien, am wenigsten sie selbst, da sie einfach nicht verstehen kann, was in ihn gefahren ist. Wäre Maria fähig gewesen, die Leidenschaft ihres Sohnes zu verstehen, seine Suche nach dem Vater, hätte sie den Schmerz anders, größer, weniger persönlich empfunden; sie hätte an der rauschhaften Gewalt seines Ausbruchs, an dem Abenteuer seiner Seelenreise teilnehmen können. Aber dieser Zugang war ihr versperrt. So sah sie lediglich äußere Bedrohungen und fürchtete um seine Zukunft.

Er hingegen hat ihr gegenüber Zorn empfunden, wann immer sie sich ihm annäherte. Es ist der Zorn eines ungeduldigen, von einer packenden Idee besessenen Sohnes, der es nicht ertragen kann, in eine Welt zurückgezogen zu werden, die er unter großen Versuchungen überwunden hat: das Leben mit der Familie, das ihn zwar nicht befriedigte, ihm aber, dem von heftigen Gefühlen und Sehnsüchten Beunruhigten, zumindest den

Anschein von Halt und Ordnung gewährte. Freilich fühlte er sich in der Familie heimatlos; aber das gehörte zu seiner seelischen Konstitution: Auch als er sich schon von der Familie losgerissen hatte und als Botschafter des Vaters umherzog, überfiel ihn immer wieder die tiefe Melancholie des Einsamen, Unbehausten: »Die Füchse haben Gruben, und die Vögel unter dem Himmel haben Nester; aber der Menschensohn hat nirgends eine Stelle, wo er sein Haupt hinlegen kann« (Matthäus 8,20). Dann wieder überflutete ihn das Glück unzerstörbarer Geborgenheit: »Nun aber sind auch eure Haare auf dem Haupt alle gezählt. Darum fürchtet euch nicht« (Matthäus 10,29f). Seiner Mutter hingegen traute er nicht mehr. Denn das war ja der Unterschied zu seinem ersten Ausbruch, damals in Jerusalem. Damals blieb er zwar drei Tage im Tempel und verwickelte die Priester in lange Diskussionen. Aber seiner Mutter gelang es, ihn zur Umkehr zu überreden. Er sollte doch wieder mit der Familie nach Hause reisen und sein gewöhnliches Leben weiter führen.

Aber diesmal wollte er sich nicht mehr von Maria zurückrufen lassen. Wie ein Satellit, der plötzlich, von einer gewaltigen Kraft in Bewegung gesetzt, das Gravitationsfeld seines Planeten verläßt, war er aus dem Rhythmus eines ganz und gar normalen Lebens ausgebrochen; und diesmal ging er nicht zu den Priestern, sondern in die Wüste.

Der Sohn zwingt den Vater, Mensch zu werden

In der Wüste war er allein, ohne Priester, ohne Mutter, ohne Geschwister und Freunde. Er wollte allein sein. Er wollte nicht mehr von anderen über den Vater hören, wollte nicht mehr ihre Bilder und Geschichten, ihre Deutungen und Auslegungen. Das reichte ihm nicht mehr. Er wollte ihn herausfordern, ihm – und damit sich selbst – direkt und unmittelbar begegnen, ohne den Schutz der Tradition, ohne den Schutz der Riten und der Liturgie. In der Wüste wollte er sich prüfen, ob sein Vertrauen stark genug sei, dem Lockruf des unsichtbaren Vaters zu folgen, den festen Boden des Gewohnten für immer zu verlassen und von nun an gleichsam auf dem Wasser zu wandeln. Er wollte kämpfen gegen den Wunsch, zurückzukehren in seine normale Existenz, in die mütterliche Welt von Haus, Familie, Arbeit und Ordnung.

Der Aufenthalt Jesu in der Wüste gehört zu den geheimen Schöpfungsberichten der Bibel. In diesem Zeitraum, dessen Dauer beziehungsreich mit der symbolischen Zahl von vierzig Tagen eingegrenzt und in die Dimension der heiligen Zeit gerückt wird, entsteht jene Symbiose von Vatersehnsucht und Transzendenzerfahrung, deren Ergebnis der Vater-Gott Jesu ist.

Die überlieferten Berichte umkreisen diese Geburt mit kurzen, epigrammatischen Erzählungen, in denen

Jesu Versuchbarkeit dargestellt wird. Sie lagern sich wie äußere Hüllen um ein inneres Geschehen, das deswegen nicht ausgesprochen wird, weil die Evangelisten es als Selbstverständlichkeit immer schon voraussetzen: daß der Sohn und der Vater auf eine Weise miteinander verbunden sind und zusammengehören, die zum Glauben oder zum Unglauben zwingt – womit die Intensität dieses Verhältnisses indirekt auch durch jeden, der nicht glaubt, bestätigt wird.

Für eine Betrachtungsweise, die den zu einem Ganzen zusammengesetzten Fix-und-fertig-Glaubensblock nachträglich in seine einzelnen Urelemente zerlegen will, um sich einen eigenen Reim zu machen, entsteht erst in der Wüste, was später von den Evangelisten als vollendete Vater-Sohn-Einheit bis ins vorgeburtliche Leben Jesu zurückprojiziert wird. Gott zu begegnen bedeutet immer etwas Lebensgefährliches. Denn Gott ist, um eine moderne Formulierung aufzugreifen, das ganz Andere, das Nicht-Menschliche, das dem Unmenschlichen zum Verwechseln ähnlich sieht. Gott in seiner vollkommenen Andersartigkeit jagt Angst ein: Er überflutet das passive Menschenhäuflein mit den Schauern kosmischer Hitze und kosmischer Kälte, durchdringt es mit dem Gefühl, im Angesicht dieser Überwirklichkeit ein Nichts zu sein, das vor dem Übergroßen nicht bestehen kann, ein gleichgültiges Stäubchen, dessen Existenz jenem ganz Anderen noch nicht einmal auffällt, ein verlorenes Wesen, über das die Gottheit mit der Teilnahmslosigkeit galaktischer Nebel hinwegschwebt. Die großen Religionsstifter sind diejenigen, die diese Begegnung ertragen, ohne in magische Unterwerfung zurückzufallen, und die dem ganz Anderen ein Bild aufzwängen, mit dem es gebändigt, gezähmt, humanisiert und faßlich gemacht wird. Die Größe und die Originalität des jeweiligen Stifters bemißt sich daran, wie erhaben *und* herzensvoll, wie elementar *und* menschenfreundlich das Bild ist, das dem unheimlich Anderen in einem Akt äußersten Mutes gleichsam aufgenötigt, zu dem es gewissermaßen verpflichtet wird.

Freilich bleibt immer ein nirgendwo unterzubringender Überhang, eine in kein Bild zu fassende Abgründigkeit und Nicht-Menschlichkeit Gottes, die jeder theologischen Systematik Hohn spottet und von den Denkern unter dem Begriff »Theodizeeproblem« abgelegt wird.

Diese Dimension Gottes zu verleugnen, sie mit dem Kinderbegriff des »lieben« Gottes zu verharmlosen bedeutet, aus Gott einen Götzen zu machen, ein Wesen, das zu nichts anderem da ist, als den Menschen zu beglücken. Jede ernst zu nehmende Verkündigung muß, wenn sie vom Urgrund Gottes spricht, immer auch den Abgrund miterwähnen, sonst fehlt dem gepredigten Gott die Tiefe und Andersartigkeit, die sein Gottsein begründet.

Gottes Abgründigkeit zu verschweigen heißt, den Menschen eine wesentliche religiöse Erfahrung vorzuenthalten. Gerade im Christentum ist die Versuchung groß, Gott immer nur als den Liebenden zu predigen. Das ebenso einseitige Gegenstück dazu ist die Rede vom gerechten und daher strafenden Gott. Ob er nun liebt oder zürnt, beglückt oder richtet, immer wird vorausgesetzt, daß sein Handeln in *unseren* Kategorien aufgehe. Dieser Gott riecht zu sehr nach Mensch, um ernst genommen werden zu können.

Gottes Abgründigkeit hingegen bezeichnet jene Dimension Gottes, die jenseits aller menschlichen Sinngebungsversuche liegt, sie signalisiert im Wortsinn das ganz Andere, das ohne irgendeine Rücksicht auf Menschen und deren Bedürfnisse vor (meist blinden oder sehunwilligen) Augen liegt: »Bin ich nur ein Gott, der nahe ist, spricht der Herr, und nicht auch ein Gott, der ferne ist?« (Jeremia 23,23). Wer ihm begegnet, den überfällt »Furcht und Zittern«, denn Gott zerschlägt alle Sinnkonstrukte, deren Zweck ja nicht zuletzt darin besteht, ihn selbst einzufangen: »Ist mein Wort nicht wie ein Feuer, spricht der Herr, und wie ein Hammer, das Felsen zerschmeißt?« (Jeremia 23,29). Das Zerstörerische Gottes wird viel zu selten erwähnt und gepredigt. Der Verdacht drängt sich auf, daß Theologie zu dem Zweck instrumentalisiert wird, Gottesbegegnungen zu verhindern. Denn Gott ist das Ende aller Theologie, weswegen Theologen die größten Probleme mit ihm haben.

Aus den unvermeidlichen Widersprüchen zwischen dem nicht Humanisierbaren des ganz Anderen und den humanen Bildern, in denen Gott Mensch wird, steigt das besondere Aroma, der eigenartige Duft der Religion auf: jene Mischung aus Entzücken und Schrecken, aus Verzweiflung und Vertrauen, aus Widerstand und Ergebung.

Was die Berichte der Evangelisten nicht erzählen, sondern umschweigen, ist die Wüstenbegegnung Jesu mit dem ganz Anderen. Sie schildern nicht den schöpferischen Akt, mit der er der heiligen Macht, die durch ihn zieht und ihn mit Vernichtung und Selbstauflösung bedroht, das Antlitz des Vaters abringt, damit sie ihn, den Sohn, mit Liebe und Wohlgefallen anblicke. Die Evangelisten beschreiben auch nicht, wie er sich aus dem Material des ganz Anderen »seinen« Vater erschafft und sich nun vertrauensvoll der Dynamik und Unergründlichkeit dieser ihn transzendierenden Wirklichkeit überläßt. Sie gehen mit Schweigen darüber hinweg, wie er sie humanisiert, verväterlicht, wie er sie gleichsam tauft und in ein Bild zwingt, welches das Menschenferne und Weltenkalte des ganz Anderen mit Güte, Wärme, Gerechtigkeit und Herzensnähe durchtränkt.

Über diesem Schöpfungsakt liegt tiefes Schweigen, weil er in einer wortlosen Zone liegt, die nicht in Sprache gefaßt werden kann. Erst mit den Versuchungsgeschichten tritt das Neue in den Bereich des Sagbaren ein. Diese kurzen Episoden beschreiben die Bewährungsprobe des neuerschaffenen Vaterbildes, sie legen Zeugnis von seiner Stärke und Überzeugungskraft ab.

Wie oft sind es Söhne, die durch ihr pures Sosein die Väter auf die noch ungelebten, vernachlässigten humanen Möglichkeiten hinweisen. Wie oft wird darüber ge-

102

redet, was die Väter ihren Söhnen vererben, wie selten aber vom Gegenteil: was die Söhne ihren Vätern geben können.

Viele Väter lassen sich nicht mehr überzeugen, weigern sich, hinzuschauen und das Angebot ihrer Söhne anzunehmen – ihre Lebensweise hat sie blind gemacht für *die* Seiten ihrer Söhne, mit deren Hilfe sie in ihrem Leben noch anderes entdecken könnten als die sterilen Räume, in die sie sich selber eingesperrt haben.

Jesus, ein Sohn, der seinen Vater sucht, bedeutet für die angerufene und in Pflicht genommene Urmacht des ganz Anderen eine ungeheure Herausforderung, Denn der Sohn gibt sich nicht zufrieden mit einem Vater, der nicht mehr zu bieten hat als das Bekannte und Übliche. Der Sohn will vom Vater lernen, er will über sich hinauswachsen und mit Hilfe des Vaters Mensch werden. Er braucht dafür einen Gott-Vater, der ihm überlegen und gleichzeitig nah ist.

»Denn euer Vater weiß, was ihr nötig habt, bevor ihr ihn bittet« (Matthäus 6,8), sagt Jesus seinen Jüngern. Das weist auf die *Überlegenheit* des Vaters hin, dessen Anwesenheit immer auf der nächsthöheren Entwicklungsstufe aufleuchtet; er ist dem Sohn darin voraus und deswegen Ansporn und Ermutigung. Die *Nähe* des Vaters kommt in der Anrede »Abba« zum Ausdruck: Väterchen heißt das; ein Kosename, den von allen biblischen Gestalten nur Jesus für Gott verwendet. Sie zeigt an, daß der Gott, der vor und über uns aufleuchtet, zugleich derjenige ist, der mit uns geht, der sich nicht nur woanders aufhält, sondern auch immer dort, wo wir uns befinden. Nähe und Überlegenheit – das sind die Eigenschaften, die Väterlichkeit begründen. Wo ein Vater seinen Sohn auf dem Weg seiner Entwicklung so begleitet, hilft er ihm zur Menschwerdung.

Aber in einer paradoxen Gegenbewegung bewirkt die Menschwerdung des Sohnes gleichzeitig das Umgekehrte: *Gott, der Vater, wird Mensch* durch die unendliche Leidenschaft des Sohnes, der seinem Vater ein menschliches Antlitz abringt, ihn mit Bitten und Gebeten drängt, sich zu humanisieren, den Strom seiner Liebe endlich zu öffnen und sich ihm und allen Menschen als »Vater der Barmherzigkeit« zu offenbaren. In Gleichnissen, Bildern und Geschichten schlägt der Sohn dem Vater vor, wie das geschehen könnte: Er entwirft die vollendete Welt, wie sie Gottes des Vaters würdig ist; er ruft seine Anhänger auf, den Vater mit Gebeten zu bestürmen, er möge sich auf die Entwürfe und Utopien des Sohnes einlassen, damit dessen Sehnsüchte erfüllt würden, damit die Humanisierung des Vaters vorankomme. Mehr noch: Der Sohn macht sich selbst zum Gleichnis für den Vater und tritt stellvertretend für ihn auf.

Kann der Vater vor seinen Söhnen bestehen?

Will man wissen, wie der Vater beschaffen ist, was seine Eigenschaften sind, was man von ihm glauben und erhoffen kann, muß man jetzt auf den Sohn blicken. Der Sohn wird zum Gleichnis für den Vater, und das bedeutet: Der Vater definiert sich durch den Sohn und bindet sich an dessen Entwurf. Erst aus dieser Perspektive erschließt sich die Tiefe der Vatersprüche im Johannesevangelium: »Niemand kommt zum Vater denn durch mich« (14,6), »Wer mich sieht, der sieht den Vater« (14,9) und vor allem: »Alles, was der Vater hat, das ist mein« (16,15). Gerade dieser Satz legt in Prägnanz dar, daß der Vater ein Projekt seines Sohnes ist, eine Brücke gleichsam, um den Abgrund zwischen Mensch und Gott begehbar zu machen. Jesus Pontifex – Jesus der Brückenbauer.

So entsteht ein neues Gottesbild und mit ihm ein neuer Gott: Der Vater läßt sich ein auf das Bild, das sich der Sohn macht. Ja, der Vater ist darauf angewiesen, daß ihm ein Bild zur Verfügung gestellt wird, damit er sich in ihm humanisieren und inkarnieren kann.

So wie Söhne den Vater brauchen, um sich zu humanisieren, braucht der Vater Söhne, um Mensch zu werden. Er braucht Söhne, die ihn anblicken, die ihn anschauen und mit visionärer Kraft in ihr Leben rufen. Ohne sie bleibt er unsichtbar und unbemerkt weit weg von der Liebe seiner Kinder. Erst sie können ihn aus seiner nichtmenschlichen, menschenfernen Verborgenheit befreien, indem sie ihn mit ihren Blicken zu sich ziehen: »Niemand hat Gott je gesehen; der einzige Sohn, der Gott ist und der im Schoß des Vaters ist, der hat ihn uns verkündigt« (Johannes 1,18). Dieser Satz ist eine theologische Hymne auf die Schöpferkraft Jesu, mit der er seinen Vater ins Leben ruft. Eine frappierende Umkehr aller patriarchalen Grundsätze, die den Sohn immer als Produkt des Vaters begreifen. Unter diesem Gesichtspunkt muß die Frage gestellt werden, ob das Christentum wirklich mit dem Schmähwort der »patriarchalen Religion« abgeurteilt werden kann. Das Vater-Sohn-Verhältnis zwischen Jesus und »seinem« Vater jedenfalls läßt dieses Urteil nicht zu.

Anders verhält es sich mit den späteren Theologensöhnen, die ihren Bruder Jesus im Stich lassen und sich auf die Seite des Vaters schlagen. Dort gibt es nichts zu verlieren; aus dieser Perspektive löst sich alles, was das Leben bedrohlich und abgründig macht, in höheren Sinn aus. Das erspart den produktiven, leidvollen Kampf mit dem ganz Anderen. Diese Söhne gehen kein Risiko ein. Sie werden erstklassige Theologen und identifizieren sich mit dem Vater, nicht mit dem Bruder Jesus. Ihre Religion ist patriarchalisch.

Kann Gott vor seinen wirklichen Söhnen, vor Jesus und dessen Brüdern, bestehen? Sind sie ihm nicht überlegen in ihrer Geduld und Leidensfähigkeit, in ihrer Beharrlichkeit und Treue, mit der sie bis an den Tod an ihm festhalten? Das kurze Leben des Sohnes Jesus bewegt sich unausweichlich auf diese Frage zu.

Als Gegenstück zur schöpferischen Begegnung in der Wüsteneinsamkeit, aus der Jesus gestärkt und mit hochgespanntem Vertrauen zurückkehrt, muß man die zweite große Begegnung mit der anderen Wirklichkeit lesen, von der die Evangelien berichten, die verzweifelte Wache im Garten Gethsemane. Alles hat jetzt eine makabre, tragische Färbung bekommen.

In der Wüste war er ganz allein gewesen, ohne Freunde, ohne irgendeinen Menschen, der ihm zur Seite stand, und doch begegnete ihm eine Wirklichkeit, in deren Väterlichkeit er sich einhüllen konnte.

Im Garten Gethsemane ist er von Freunden umgeben, und doch überfällt ihn eine Verlassenheit, die ihn in furchtbare Angst stürzt. Seine schöpferische Kraft, Gott das Väterliche abzuringen, hat ihn verlassen. Vermochte er in der Wüste dem menschenleeren Nichts des ganz Anderen das Antlitz des Vaters aufzuprägen, so überflutet ihn jetzt Welle um Welle unmenschlichen Schweigens; Gott zieht wort- und gestaltlos durch ihn hindurch, und er kann ihn nicht festhalten und ihn zu einem einzigen Blick auf den verzweifelten Sohn bewegen. Von diesem Augenblick an ist Jesu schöpferische Kraft erloschen. Er überläßt sich den Ereignissen wie einer, der nichts mehr zu verlieren hat.

Jesus in der Wüste und Jesus im Garten Gethsemane – das sind die beiden großen Gottesbegegnungen des Sohnes, und sie markieren Anfang und Ende seiner leidenschaftlichen Suche nach dem Vater. Die Berichte von seiner Verklärung auf dem Berge ebenso wie das Offenbarungserlebnis bei seiner Taufe lassen sich als spätere Eintragungen und Übermalungen interpretieren, deren theologische Zielsetzung darin liegt, ein Vater-Sohn-Verhältnis zu suggerieren, wie es ins Konzept der trauerunfähigen Theologensöhne paßt.

Späte Annäherung

Als Jesus aus der Wüste zurückkehrte, hatte er die innere Schwelle überschritten und die Welt der Familie hinter sich gelassen. Doch da war die Mutter, die immer wieder versuchte, ihn auf den Boden der Tatsachen zurückzuholen, obwohl er schon längst unsichtbares Terrain betreten hatte – was ihr sichtlich unheimlich war. Die Mutter war für Jesus damals, als er aus der Wüste kam, Anhänger um sich scharte und auf die große Reise ging, der Inbegriff blinder, verständnisloser Liebe, die ihn festhalten, einengen, normalisieren und an seiner leidenschaftlichen Suche hindern wollte – eine Mutter, die ihren Sohn nicht loslassen kann und die, was noch schlimmer ist, ihn nicht versteht. Sein Zorn darüber klingt an in dem Spruch: »Denn mit sehenden Augen sehen sie nicht und mit hörenden Ohren hören sie nicht; und sie verstehen es auch nicht.« Deswegen, weil sie ihn zurück- und heimholen will, seine schroffen Abwehr-reaktionen, die er in die Maxime bündelt: »Wer seine Hand an den Pflug legt und sieht zurück, der ist nicht geeignet für das Reich Gottes« (Lukas 9,62). Das war aus eigener Erfahrung gesagt und an die Adresse von Jüngern, deren Mütter und Frauen sie in die häusliche Pflicht nehmen wollten.

Der Mutter-Sohn-Konflikt klingt auch in dem von den meisten Kommentatoren als rätselhaft empfunde-nen Spruch an: »Wer etwas hat, dem wird noch mehr ge-geben werden, so daß er übergenug hat; wer aber nichts hat, dem wird auch das genommen werden, was er hat« (Matthäus 13,12).

Er hat die Sehnsucht nach dem unsichtbaren Vater, die ihn mit neuen Erfahrungen überschüttet; die Mutter kennt keine andere Welt als die der Familie, der Für-sorge und der klugen, warmherzigen Konventionalität. Darüber verliert sie auch noch ihren Sohn.

Und doch gibt es eine späte Annäherung, in der der Zorn des Sohnes, nicht verstanden zu werden, sich in Mitleiden verwandelt. Vom Kreuz herab, so berichtet das Johannesevangelium, sieht Jesus seine Mutter »und bei ihr den Jünger, den er lieb hatte«. Er sagt zu seiner Mutter: »Siehe, das ist dein Sohn! Danach sagte er zu dem Jünger: Siehe, das ist deine Mutter! Und von der Stunde an nahm sie der Jünger zu sich« (Johannes 19, 26–27).

Er gibt der Mutter, was der Mutter ist. In dieser testa-mentarischen Geste spiegelt sich seine erste, ursprüng-

liche Erfahrung mit dem Vater, von dem er sich in der
Wüste als Sohn angenommen fühlte. Was er damals als
treibende und erfüllte Sehnsucht erlebt hatte, Sohn dieses Vaters sein zu dürfen, von ihm gleichsam adoptiert
zu werden und endlich, wie er es schon als Zwölfjähriger
wünschte, »in dem zu sein, was meines Vaters ist«, das
verwandelt er am Endpunkt seines Lebens in eine ver-
söhnliche Gebärde, mit der er über die selbstgesetzte
Grenze hinweg seine Mutter erreichen will. Sie soll im
Augenblick des größten Schmerzes, in dem die Trennung von ihrem leiblichen Sohn endgültig besiegelt
wird, einen wirklichen Sohn haben, einen, der sie als
Mutter annimmt.

Pietà in schrägem Licht

Der Evangelist Lukas, dem wir die stimmungsvolle
Weihnachtsgeschichte und das Porträt Marias als zarter
und frommer Jungfrau verdanken, gewährt uns in seiner Apostelgeschichte einen tiefen Einblick in das wirkliche Wesen der Mutter Jesu. Nach Christi Himmel-
fahrt, dem endgültigen Abschluß aller irdischen Er-
scheinungen des Auferstandenen, kehren die Jünger
von dem Ölberg zurück ins nicht weit entfernte Jerusalem. Lukas zählt ihre Namen auf, und auf einmal erscheinen neue Personen in der Liste: »Diese alle waren

110

stets beieinander einmütig im Gebet zusammen mit den Frauen und Maria, der Mutter Jesu, und seinen Brüdern« (Apostelgeschichte 1,14).

Da sind sie plötzlich, die ihren Sohn und Bruder für verrückt gehalten hatten, frischgebackene Christen und Mitglieder der Jerusalemer Urgemeinde, und sitzen mit den von ihnen für nicht weniger irrsinnig gehaltenen Jüngern zusammen, um an der Trauerwoche für den Hingerichteten teilzunehmen. Auf den ersten Blick stellt sich diese kleine Trauergemeinde als Urzelle der idealen Kirche dar: Im Gedenken an den gestorbenen und auferstandenen Christus sind sie alle beieinander, die an ihn glaubten, die ihn verrieten, die ihm bis zuletzt treu blieben, die ihn für wahnsinnig hielten. Keiner wird ausgegrenzt, keiner hat sich zu entschuldigen oder zu rechtfertigen. Über sie alle kommt der Heilige Geist; jeder von ihnen gerät in Ekstase und beginnt in fremden Sprachen zu predigen, was bedeutet, daß er mit seiner Predigt über alle Grenzen der Religion, der Weltanschauung, des Alters, des Geschlechts und der unterschiedlichen Lebenserfahrung hinweg das Herz der Zuhörer erreicht.

Maria und die Brüder Jesu (seine Schwestern werden nicht erwähnt) haben sich offensichtlich bekehrt, und es spricht für den jesuanischen Geist der Urgemeinde, daß man sie aufnahm und als vollwertige Mitglieder der Gemeinschaft betrachtete. Es dauerte im übrigen nicht lang, da avancierte der Bruder Jakobus zum Haupt der Jerusalemer Gemeinde.

111

Dennoch fällt ein schräges Licht auf die Mutter. Solange ihr Sohn lebte und sich auf sein Vaterabenteuer einließ, hielt sie ihn für wahnsinnig. Erst als er tot war, ging ihr auf, daß in dem angeblichen Wahnsinn mehr steckte als Geisteskrankheit. Aber nicht der Heilige Geist enthüllte ihr dies, sondern, weitaus profaner, die anhaltende Wirkung Jesu auf seine Jünger, der wachsende Einfluß des neuen Bekenntnisses. Diese Art Sinneswandel ist hinlänglich in den Biographien bedeutender Menschen dokumentiert: Ihre Familienangehörigen begreifen gar nichts, und erst die Reaktionen der Nachwelt öffnen ihnen die Augen für die wirkliche Dimension des Menschen, den sie am liebsten ins Irrenhaus gebracht hätten. Dann allerdings verwandeln sie sich unter dem sanften Druck der öffentlichen Meinung in überzeugte Anhänger und Nachlaßverwalter.

Erst der Tod ihres Sohnes hat Maria bekehrt. Darin liegt ihre Ähnlichkeit mit dem Mann, der aus dem Glauben der ersten Jesusjuden die christliche Religion schmiedete – mit dem Apostel Paulus. Für beide war der Tod Jesu Grundvoraussetzung für den Glauben an ihn. Paulus konnte nur glauben, *weil* er Jesus nicht kannte, *weil* Jesus tot war. Das ist ein Grund, warum der Tod Jesu für seine Theologie unerläßlich ist.

»Mußte nicht Christus das alles erleiden?« fragt der unbekannte Wanderer die Jünger von Emmaus, die den Tod Jesu nicht begreifen können. Offensichtlich mußte er das alles erleiden, ehe seine Mutter erkannte, wer er war.

112

Vierter Teil

Erbschaften

Was erbt ein Sohn von seinem Vater? »Das hat er von mir«, sagt der stolze Vater und zeigt auf ein von ihm besonders geliebtes Merkmal, in dem er sich wiedererkennt. Es mögen die weißblonden Haare sein, die gleiche zarte Krümmung des Zeigefingers, eine charakteristische Bewegung oder eine ungewöhnliche Begabung. Im Erspähen eigener Merkmale äußert sich jenes väterliche Wohlgefallen, das immer etwas mit erweiterter Selbstliebe zu tun hat. Im umgekehrten Verhältnis dazu steht die allergische Reaktion auf Züge und Eigenschaften, die der Vater schon kaum an sich selbst, um so weniger am Sohn ertragen kann. Beim Entdecken solcher Verwandtschaften wird eher der Satz zu hören sein: »Von mir kann er das nicht haben.«

Leider kann er doch. Es scheint zu den Gesetzmäßigkeiten im Verhältnis zwischen Vater und Sohn zu gehören, daß die Väter vor allem ihre unbewußten Fragen und Probleme an die Söhne vererben.

Da sind Väter, die, als sie selber Söhne waren, von ihren Vätern nie anerkannt wurden. Sie nehmen sich zwar vor, mit ihren Söhnen anders umzugehen, es besser zu machen als ihre Väter, vielleicht sogar, die selbsterlittenen Verletzungen am eigenen Sohn wiedergutzumachen. Aber die Verwundung ist tiefer, als sie ahnen, und jeder Sohn, der an sie rührt, reaktiviert den alten Schmerz.

Daß die Söhne an die Verwundungen ihrer Väter rühren, ist unvermeidlich. Sie rufen allein schon durch ihr pures Dasein die Erinnerung an das frühe Ausgeliefert-

sein wach, an die Demütigungen damals, an die Abhängigkeit von einem Vater, der das Bedürfnis nach Zuneigung und anerkennender Wärme frustriert. Sohn zu
sein heißt manchmal nur, den Vater in schmerzliche
Erinnerungen zu stürzen. Der Zorn über die Enttäuschung, vom eigenen Vater nicht angenommen zu sein,
entlädt sich dann auf die Söhne; die frühere Ohnmacht
hat sich jetzt in Macht verwandelt. Eine fast unwider-
stehliche Situation. Die Söhne büßen für ein Drama, an
dem sie unschuldig sind und in das sie gleichwohl hinein-
gezogen werden. Nicht sie sind eigentlich gemeint, aber
es trifft sie. Das Schwanken zwischen großzügiger Zu-
wendung und plötzlichem Liebesentzug, das für viele
autoritäre Väter so typisch ist, zeigt lediglich den jeweiligen Schmerzpegel der inneren Verwundung an.

Solange sie diesem Schmerz nicht auf den Grund gehen, vererben solche Väter das Problem, statt es zu lösen: Das ist die existentielle Pointe des alttestament-
lichen Wortes vom Gott, der die Missetat der Väter
heimsucht an Kindern und Kindeskindern bis ins dritte
und vierte Glied (2. Mose 34,7).

Ein Vater, der die erlittenen Verwundungen nicht
mehr unter welchem rationalisierenden Deckmantel
auch immer weitergibt, sondern sich den Schmerz zu-
mutet, die eigene Wunde aufzuschneiden, befreit dadurch nicht nur sich, sondern auch seine Söhne von dem
Wiederholungszwang verdrängter Erfahrungen. »Thomas Mann war der Vater eines Selbstmörders, nämlich
seines Sohnes Klaus, und der Sohn eines Quasi-Selbst-

mörders, denn sein Vater hatte sich selbst aufgegeben und war mit 51 Jahren als ein Lebensmüder gestorben.« So beginnt die Soziologin Marianne Krüll eine Studie über die Todesthematik in der Familie Mann[11]. Mit Hilfe des von Helm Stierlin entwickelten Konzepts der »Delegation« unternimmt sie den Versuch, den Selbstmord von Klaus Mann als eine Delegation Thomas Manns an seinen Sohn zu beschreiben, die ihrerseits als Folge der Delegation des Vaters von Thomas Mann an ihn selbst zu verstehen ist. In ihren Augen stellte der Quasi-Selbstmord des Vaters für Thomas Mann eine ungeheure Bürde dar, die er nur zu tragen vermochte, indem er sie an seinen Sohn weitergab.

»Was wäre anders«, fragt sie, »wenn sich Thomas Mann, aber auch Klaus selbst und alle übrigen Betroffenen der familiendynamischen, psychosoziologischen Deutung des Selbstmords von Klaus, wie ich sie dieser Darstellung zugrunde gelegt habe, hätten anschließen können?« Anders gesagt, wenn die Familie Mann einen Therapeuten aufgesucht und sich einer intensiven Analyse unterzogen hätte? Marianne Krüll antwortet: »Ich glaube, wenn Klaus diese Zusammenhänge verstanden hätte, wenn er sie mit dem Vater auf irgendeine Weise hätte austauschen können, hätte er leben, sich von der destruktiven Delegation des Vaters lösen können.«

Das mag sein. Wenn Marianne Krülls Deutung Richtigkeit für sich beanspruchen kann, hat sich Klaus Mann im Netz der Familienverstrickung verfangen. Sein Vater hingegen hat überlebt. Wie ist ihm das gelungen? Warum hat *er* sich nicht umgebracht? Die Vermutung liegt nahe, daß er sich therapierte, indem er schreibend einen phantastischen Kosmos imaginärer Geschöpfe erfand. Die geniale Kraft seiner Phantasie, seiner schöpferischen Begabung hat heilend auf ihn gewirkt. Sie hat zwar nicht den gewalttätigen Zwang der Botschaft aufhalten können, die er vom Vater übernahm und dem Sohn zuspielte. Aber es wäre zuviel von einem einzelnen verlangt, dies ohne Hilfe anderer zu leisten. Es bleibt jedoch als Fazit die Einsicht, daß im Vollzug schöpferischer Leistung ein Element der Heilung enthalten ist.

Nicht jeder, der innerlich verwundet wurde, genießt das Privileg, schöpferisch zu sein. Aber der Umkehrschluß ist schon eher plausibel: Die Schöpferischen sind die Verwundeten, und es gibt offensichtlich noch andere Möglichkeiten und Wege, sich zu heilen, als den Therapeuten oder den Analytiker aufzusuchen. Oft mobilisieren frühe Verwundungen innere Kräfte, die einem Menschen erst sein eigentliches Gesicht geben.

Die Annahme, daß auch Jesus ein früh Verwundeter war, dessen schöpferische Kräfte aus seinen Wunden aufblühten, dürfte nicht ganz abwegig sein. Seine Liebe zu den Verlorenen und Verachteten, die immer als mustergültige, von sich selbst absehende Nächstenliebe ausgegeben wird, erscheint weitaus verständlicher und einleuchtender, wenn sie als reife Selbstliebe gesehen wird; nicht als egozentrische Selbstbespiegelung, die in den anderen immer nur sich selbst erkennt, sondern als existentielle Auslegung des Gebots: Liebe deinen Nächsten wie dich selbst. Der Nächste ist dann nicht der jeweils konkret Nächste, dessen Wohl und Wehe mir am Herzen zu liegen hat, wie eine weit verbreitete Ansicht es gern möchte, sondern der, dessen seelische Verfassung der meinen am nächsten ist.

Die Verwundeten waren von allen anderen Zeitgenossen Jesu diejenigen, denen er sich am nächsten fühlte und die deshalb seine Nächsten waren. Er selbst weist sehr deutlich auf diese Wahlverwandtschaft hin: »Was ihr einem von diesen meinen geringsten Brüdern getan habt, das habt ihr mir getan« (Matthäus 25,40).

Der Sohn adoptiert den Vater

Unordnung und frühes Leid – diese von Thomas Mann geprägte Formel könnte auch über der Biographie Jesu stehen. Wir haben im Kapitel über Josef gesehen, daß seine verdrängte Lebensfrage lautet: Wer bin ich? Josef ist ihr auf bewährte Weise aus dem Weg gegangen, indem er von einer Tat zur anderen eilte. Es gibt kein besseres Mittel gegen bedrängende Fragen, als in den Aktionismus auszuweichen und sich seinem betäubenden Wellenschlag auszuliefern. Das schiebt Wichtigeres in den Hintergrund und bringt zudem Anerkennung und Selbstbestätigung ein.

Es überrascht nicht, daß die Frage, die der Vater nicht zu beantworten willens oder fähig ist, bei dem Sohn Jesus aufs neue auftaucht, diesmal aber in einer Heftigkeit, deren Energiewellen bis ins Heute reichen. Denn immer noch beschäftigen sich Millionen von Menschen mit der Frage: Wer ist dieser Mann? Worin besteht das Geheimnis seiner Persönlichkeit? Hunderttausende von Priestern, Pfarrern und Kirchenfunktionären leben davon, daß sie versuchen, diese Frage zu beantworten. Sie steht im Mittelpunkt des christlichen Glaubens, und das gesamte Neue Testament behauptet, daß niemand selig werden könne, der diese Frage anders beantworte als die ersten Glaubenszeugen.

Wir dürfen mit gutem Recht vermuten, daß die Person, um die es dabei geht, Jesus, sich der Antwort keineswegs so sicher war wie die nachfolgenden Christen. Aber anders als Josef, sein Ziehvater, geht er dieser Grundfrage nicht aus dem Weg, sondern stellt sich.

Er stellt sich zum einen auf konventionelle, seiner Zeit angepaßte Weise, indem er die Frage zunächst genealogisch versteht, wie es in vatergeprägten Kulturen selbstverständlich ist. Wer bin ich? heißt in dieser Gesellschaftssprache: Wer ist mein Vater? Jesus ben Josef: Jesus, Sohn Josefs. So lautet der vollständige Name. Der einzelne zählt nichts; erst als Mitglied einer väterlichen Ahnenreihe ist er sich in seinem Dasein verständlich; erst auf diesem Umweg erreicht der Sohn Selbstgewißheit.

In einem von Matthäus und Lukas überlieferten

Ausspruch Jesu wird diese Reihenfolge sichtbar. »Alles«, so sagt er, »ist mir von meinem Vater übertragen; und niemand erkennt den Sohn als allein der Vater...« (Matthäus 11,27a). So fängt das Selbstbewußtsein an: Der Vater macht den Sohn zu dem, was er ist. So jedenfalls spiegelt sich die erste Stufe der Selbstfindung im Bewußtsein des Sohnes. Wer er ist, weiß er selber nicht genau; aber er vertraut darauf, daß der Vater es weiß und sich ihm zu erkennen gibt. Je mehr der Vater sich öffnet, je besser der Sohn den Vater kennenlernt, um so mehr weiß er über sich selbst.

Bis hier bewegt sich Jesus in seiner Identitätssuche auf bewährten, vaterorientierten Spuren. Dann aber entsteht eine gegenläufige, spiegelverkehrte Bewegung, die der zweite Teil des Spruchs festhält: »... und auch den Vater erkennt niemand als allein der Sohn und wem es der Sohn enthüllen will« (Matthäus 11,27b). In diesem Zusatz klingt bereits jenes gesteigerte Selbstbewußtsein an, das Jesus auszeichnet und das nicht nur ihm, sondern auch seiner Familie solche Schwierigkeiten bereitete.

Damit sind wir bei der anderen, zweiten Art und Weise, wie Jesus sich der Frage nach seiner Identität stellt. Diesmal nicht auf konventionelle, sondern provozierende Weise. Die Provokation besteht nicht darin, daß Jesus sich als Sohn Gottes versteht. Das taten zu seiner Zeit auf eher beiläufige Weise alle Juden, wobei die Metapher der Vaterschaft Gottes keineswegs zu den bedeutenden oder wirkungsvollen gehörte. Erst die christliche Dogmatik hat unter hellenistischem Einfluß die Gottessohnschaft als Status zu einer Einzigartigkeit hochtheologisiert, die den Blick auf Jesus eher verstellt und die ein Gefälle zwischen ihm und dem Rest der Menschheit einbaut, das jeden Annäherungsversuch zum zermürbenden Aufstieg werden läßt.

Das Provozierende besteht vielmehr darin, daß er Gottes Vaterschaft und mithin seinen Status als Sohn auf kindlichste Weise in den Mittelpunkt rückt. Nicht höhere Offenbarung trieb ihn dazu an, sondern seine Biographie.

Eine zweitausend Jahre lang beharrlich repetierte Litanei von der Gottessohnschaft Jesu hat uns den Blick für die wirkliche Entstehung dieses Vater-Sohn-Verhältnisses verstellt. Jesus hat Gott zum Vater adoptiert, nicht umgekehrt.

Aber diese Erkenntnis war den deutenden, theologisierenden Nachfolgersöhnen wohl unzumutbar. Ihre Dogmatisierung Jesu zum einzigen und einzigartigen Sohn Gottes gehört zu den verfremdenden Abwehrreaktionen, die sich als Theologie und Verkündigung tarnen und die Verhältnisse auf den Kopf stellen (womit wieder die Perspektive des Vaters eingenommen wird): Ein in Ewigkeit existierender Gottessohn, der kurzfristig auf die Erde kommt, um seine Erlösungsmission zu erfüllen, erscheint als spiegelverkehrte und in ihrer Verkehrung jeglicher Provokation entblößte Gehorsamsgestalt – als ein Sohn, wie ihn sich der Vater (dessen Kopf sich die Theologensöhne zerbrechen) besser nicht wünschen kann. Aber dem Sohn war es doch darum gegangen, einen Vater zu finden, wie er ihn sich besser nicht wünschen konnte.

Karneval der Sünder

Wenn ein Sohn ein derartiges Glück darüber empfindet, seinen Vater gefunden zu haben, von ihm angenommen und geliebt zu sein, und er dieses Glück weitergeben möchte an alle diejenigen, die zu den Verlorenen zählen, dann darf man mit guten Gründen vermuten, daß er nicht nur selbst sich zu den Verlorenen gezählt hat, sondern daß er von einem Teil seiner Umwelt auch so behandelt wurde. Woher käme sonst sein detailliertes und genaues Wissen über das Leben gescheiterter Existenzen, woher seine besondere Liebe gerade für sie?

Selbstlose Menschlichkeit allein reicht als Erklärung nicht hin; diese Art Idealisierung rückt Jesus in die Ferne und macht ihn zum unerreichbaren Vor-Bild, das den Durst nach Nähe nur steigert, statt ihn zu stillen. Näher rückt er, sobald wir in seiner Liebe zu den Verlorenen eine Vorliebe sehen, die darin begründet ist, daß man sich unter seinesgleichen am wohlsten fühlt.

»Er wußte wohl, was im Menschen war«, überliefert der Evangelist Johannes (2,25). Woher? Weil er, der »Menschensohn«, es selbst erlebt hatte.

Wir bewegen uns hier auf dem spannenden Boden ungesicherter und hochwahrscheinlicher Spekulation. Jesus war ein uneheliches Kind. Man sah ihn mit schiefen Blicken an. Immerhin wuchs er in einem kleinen Dörfchen auf, nicht in der Stadt. Wer sein wirklicher Vater war, wußte außer Maria keiner. Man munkelte alles mögliche. Der junge Jesus erlebte, was es heißt, von einer Gemeinschaft entwertet und nicht akzeptiert zu werden. Zwar lebte er im Schutz seiner Familie; die Eltern hielten zu ihm. Aber er war der Älteste und gerade deswegen in einer exponierten Position.

Hinzu kam seine außergewöhnliche Persönlichkeit, seine Fabulierkunst, seine hohe Intelligenz, sein scharfer Blick, der die Schleier von Verlogenheit, Dünkel und Selbstgerechtigkeit durchdrang. Das sind Eigenschaften, die zwar Bewunderung, vor allem aber Argwohn, Neid und Aggression hervorrufen. Der erwachsene Jesus erntete ja auch deswegen Haß und Feindschaft, weil er die verlogene Religiosität der herrschenden Priesterkaste, ihren Machtwillen und ihre Härte klar durchschaute und vor dem Volk ins Lächerliche zog.

In allen strengen Gesellschaften mit rigiden Normen gibt es eine Solidarität der Ausgestoßenen und Verachteten. Sie tun sich zusammen, sie helfen sich und bilden eine eigene Gegengesellschaft, in der die Normen, kraft derer sie ausgeschlossen werden, in einer Art karnevalistischer, fast verzweifelter Ausgelassenheit sich ins Gegenteil verkehren.

Sie sollten die Letzten, die Untersten sein? Keineswegs, sondern die Unterdrücker oben, die selbstgerechten Ausbeuter und religiösen Halsabschneider sind der wahre Abschaum, das wirkliche Gesindel.

Sie die Sünder und die Gottlosen? Nein, es ist umgekehrt: Die Priester sündigen gegen Gott, indem sie mit liebloser Härte unterscheiden zwischen Gerechten und Ungerechten.

»Aber viele, die die Ersten sind, werden die Letzten, und die Letzten werden die Ersten sein« (Matthäus 19,3): Das Motiv der Umkehrung, in dem die alten Verhältnisse Kopf stehen, in dem das Oberste zuunterst gekehrt wird, spielt in Jesu Verkündigung eine dominante Rolle. Der reiche Mann landet in der Hölle, Lazarus hingegen in Abrahams Schoß. Der Pharisäer bleibt ohne Gottes Rechtfertigung, der zerknirschte Zöllner hingegen geht gerechtfertigt nach Hause. Gott enthüllt sich den Einfältigen, nicht den Weisen und Klugen. Wer sich klein macht wie ein Kind, wird im Himmelreich der Größte sein. Wer unter den Jüngern groß sein will, muß Diener sein. Den Armen, den Trauernden, den Hungernden und Dürstenden wird das Himmelreich gehören: verkehrte Welt.

In der verkehrten Welt, zu der Jesus gehört, liebt der Vater die Kleinen, die Ausgestoßenen, das verlorene Schaf; er liebt zuallererst die Sünder, nicht die Gerechten, die Schwachen, nicht die Starken.

Und warum? Woher diese Vorliebe des Vaters für die Geächteten und Verachteten?

Die Antwort ist nachzulesen bei Lukas im 7. Kapitel: »Es bat ihn aber ein Pharisäer, bei ihm zu essen. Und Jesus ging in das Haus und setzte sich zu Tisch. Und siehe, in der Stadt war eine Frau, die war eine Sünderin. Als die erfuhr, daß er im Haus des Pharisäers zu Tisch saß, brachte sie ein Fläschchen mit Salböl, trat von hinten an ihn heran, weinte und fing an, seine Füße mit ihren Tränen zu benetzen und mit den Haaren ihres Hauptes zu trocknen, und küßte seine Füße und salbte sie mit Salböl. Als das der Pharisäer, der ihn eingeladen hatte, sah, dachte er bei sich: Wenn dieser ein Prophet wäre, wüßte er, wer und was für eine Frau das ist, die ihn anrührt; denn sie ist eine Sünderin. Da wandte sich Jesus zu ihm und sagte: Simon, ich habe dir etwas zu sagen. Er antwortete: Meister, sprich! Ein Gläubiger hatte zwei Schuldner. Einer war fünfhundert Silbergroschen schuldig, der andere fünfzig, Da sie es nicht bezahlen konnten, schenkte er's beiden. Wer von beiden wird ihn nun am meisten lieben? Simon antwortete: Ich denke, der, dem er am meisten geschenkt hat. Er aber sagte zu ihm: Du hast richtig entschieden. Und er wandte sich zu der Frau und sagte zu Simon: Siehst du diese Frau? Ich bin in dein Haus gekommen; du hast mir kein Wasser für meine Füße gegeben; diese aber hat meine Füße mit Tränen benetzt und mit ihren Haaren getrocknet. Du hast mir keinen Kuß gegeben; diese aber hat, seitdem ich hereingekommen bin, nicht aufgehört, meine Füße zu küssen. Du hast mein Haupt nicht mit Öl gesalbt; sie aber hat meine Füße mit Salböl gesalbt. Deswegen sage ich dir: Ihre vielen Sünden sind vergeben, denn sie hat viel Liebe erwiesen; wem aber wenig vergeben wird, der liebt wenig.« Hat die »Sünderin« Liebe erwiesen? Ihre Tränen mischen sich mit dem kostbaren Öl, so wie ihre Verzweiflung sich mit erotischen Gesten von Bewunderung und Unterwerfung paart. Beides gehört zusammen: Aus der Verzweiflung erwächst Sehnsucht, aus Sehnsucht eine existentielle Frömmigkeit, die die Sensibilität für Welt und Mensch steigert.

Die Gerechten wissen, wie sich die Dinge verhalten. Sie folgen den vorgeschriebenen Gesetzen der Konvention. Das erspart ihnen die Pein, ihre Augen und Ohren aufzumachen, zu sehen und zu hören, was geschieht. Statt selber hinzuhören, verhalten sie sich, wie »es sich gehört«. Statt selber hinzusehen, übernehmen sie »unbesehen« die Regeln des Anstands und der Sitte. Sie sind blind und taub für andere, erst recht fürs ganz Andere. Jesus kennzeichnet sie, unter Anspielung auf den Propheten Jesaja, mit dem kurzen Satz: »Denn mit sehenden Augen sehen sie nicht und mit hörenden Ohren hören sie nicht; und sie verstehen es auch nicht« (Matthäus 13,13). Was er von ihrer erzieherischen Eignung hält, bringt er auf die kurze Formel: »Wenn aber ein Blinder den anderen leitet, so fallen sie beide in die Grube« (Matthäus 15,14).

Den Verlorenen hingegen ist die blinde Gewißheit einer vorgefertigten Ordnung abhanden gekommen, sie haben sie verloren, manchmal freiwillig, manchmal durch eine existentielle Erschütterung, manchmal haben sie sie nie kennengelernt. Darin liegt eine phantastische und gleichzeitig gefährliche Chance. Indem sie sich auf die Suche nach dem Verlorenen machen, entwickeln sie ein aus der Sehnsucht geborenes Sensorium, das ihnen die Welt in ihrer verwirrenden und beglückenden Vielfalt erschließt.

In den Verlorenen brechen alle Fragen auf, die für die Gerechten keine mehr sind, in ihnen stellt sich die Frage nach Sinn und Unsinn der Welt in einer Heftigkeit, die schnurstracks ins Religiöse führt – wozu auch das Dämonische gehört. *Die Verlorenen halten die Frage nach Gott wach, nicht die Gerechten.* Denen ist das Gefühl für die Abgründigkeit des Lebens abhanden gekommen – vielleicht deswegen, weil sie es noch weniger ertragen können als diejenigen, die es nicht verleugnen.

Hat die »Sünderin« Liebe erwiesen? Indem sie Jesus ihre Verzweiflung zeigte und darin ihre Hoffnung ausdrückte, von ihm aus ihrer Verlorenheit befreit zu werden, gab sie sich zu erkennen als eine der suchenden Gestalten, von denen Jesus so oft erzählt hat, bereit, alles hinzugeben für den Schatz, für die Perle, für das kostbarste aller kostbaren Ereignisse, das dem Verlorenen eine Antwort auf seine qualvolle Suche gibt. Indem Jesus ihre Sünden vergibt, gibt er sich ihr zu erkennen als ein Verlorener, der den Vater gefunden hat, als jemand, der zu den Verlorenen gehört, der weiß, was sie leidet, weil er ihre Qualen selber durchlitten hat. Deswegen hatte er ja alles hinter sich gelassen.

Gottvater: Dem Sohn aus dem Gesicht geschnitten

Nach der Selbst- und Gottesbegegnung in der Wüste tritt ein verwandelter, geradezu entfesselter Jesus ins normale Leben zurück, eine überwältigende Erscheinung, ein Charismatiker, ein hypnotischer Geschichtenerzähler mit magisch anmutenden Heilkräften. Es ist, als wäre in der Wüste etwas in ihm explodiert, was nun wie Schallwellen aus ihm herausbricht, aufrüttelnde, heilende, bewegende, verwandelnde Kräfte, die ihn in eine Hochstimmung und Aktivität sondergleichen versetzen. Der Vater hat sich ihm angekündigt, ein alter, weiser, gütiger Mann wie der Patriarch im Gleichnis vom verlorenen Sohn. Er nennt ihn Abba, Väterchen, und das hört sich so liebevoll und kindlich an als wäre das Väterchen ein Großvater, der seine Enkel liebt und verwöhnt. Aber der Alte erscheint Jesus in vielen Gestalten, als Güte und Milde, als Feuer, sengende Gerechtigkeit, brennende Ungeduld; er will sich nicht nur dem verlorenen Sohn Jesus als Vater enthüllen, sondern allen Verlorenen, und das bald, morgen, vielleicht schon heute. Eine Flut von Vater- und Gottesbildern bricht aus Jesus hervor und verdichtet sich in Gleichnissen, Erzählungen, Gebeten und Aphorismen.

In vielen Gleichnissen tritt das Väterchen als herrschaftlicher Mann auf, von Sklaven umgeben, in dauernder Aktivität begriffen (ob da Erinnerungen an Josef überleben?), ein rastloser Mensch, der etwas Großes, Produktives oder Festliches vorhat. Schon die Anfänge der meisten Gleichnisse illustrieren dies:

»Es ist, wie wenn ein Mann vor der Abreise seine Sklaven rief... Mit der Himmelsherrschaft verhält es sich wie mit einem Mann, der guten Samen in seinen Acker gesät hatte... Ein Sämann ging aus, zu säen... Mit der Gottesherrschaft verhält es sich so, wie wenn ein Mann Samen aufs Land streut ... Ein Mann wollte ein großes Mahl geben und lud viele ein ... Es war ein reicher Mann, der einen Verwalter hatte ... Mit der Himmelsherrschaft verhält es sich wie mit einem Hausherrn, der am frühen Morgen ausging, Arbeiter für seinen Weinberg zu dingen... Das Land eines reichen Mannes hatte gut getragen... Mit der Himmelsherrschaft verhält es sich wie mit einem König, der mit seinen Sklaven abrechnen wollte...«

Unschwer läßt sich in diesen Bildern das Abbild des Lebens Jesu erkennen. Seit seiner Taufe am Jordan wanderte er rastlos von Dorf zu Dorf wie einer, der etwas Großes, Produktives und Festliches vorhat. Mit seinen Erzählungen und Predigten sät er wie der Sämann den Samen des Himmelreiches. Zwar gebietet er über keine Sklaven, aber eine stattliche Zahl von Jüngern ist bereit, ihm zu dienen, ihn zu ernähren, seine Befehle auszuführen und ihn Meister zu nennen. Sein Vergnügen an Festlichkeiten, vollen Tafeln und gefüllten Weinkaraffen ist bekannt. Schon in den ersten Sätzen seiner Gleichnisse bewahrheitet sich, so der vom

Evangelisten Johannes überlieferte Satz: »Ich und der Vater sind eins«, allerdings nicht im dogmatischen und schon gar nicht im mystischen Sinn. Vielmehr zeigt sich, wieviel das Väterchen vom Lebensstil des Sohnes geerbt hat. Auch auf Jesus trifft die Erkenntnis zu, daß jeder Erzähler in seinen Geschichten letztlich nur von sich selbst spricht.

Eine weitere Ähnlichkeit zwischen Sohn und Vater fällt auf. Jesus gehörte keiner Priesterkaste an. Was auch immer er in der Zeit zwischen seinem zwölften und dreißigsten Lebensjahr getan haben mag – eins ist sicher: Er kann nicht in der Abgeschiedenheit einer klösterlichen oder asketischen Sekte gelebt haben. Denn in seiner Lehre spiegeln sich weder Schultheologie noch Bilder einer religiösen Männergemeinschaft, sondern ein eigener, durch keine sakrale Institution oder Gruppierung autorisierter Entwurf. Mehr noch, seine Geschichten spielen sich in der alltäglichen Wirklichkeit ab, die religiös weder glorifiziert noch in irgendeiner anderen Weise verstellt oder beschönigt wird. Das verleiht ihnen etwas Zeitloses. Wenn uns etwas von der Welt seiner Gleichnisse trennt, dann nur soziale Veränderungen und Entwicklungen, die seitdem stattgefunden haben; die menschliche Wirklichkeit, die er schildert, hat sich hingegen nicht gewandelt. Darin gründet sich die Autorität der Gleichnisse. Sie sind klassisch in dem Sinn, daß sie uns immer wieder ansprechen.

Wie der Sohn, so das Väterchen. Seine Göttlichkeit erscheint in menschlicher Verkleidung, ohne religiöse

Verzierung. Gott tritt profan und alltäglich auf: Ein Großkaufmann rechnet nach einer Rückkehr von einer langen Reise mit seinen Sklaven ab; ein Bauer weigert sich, vor der Ernte das Unkraut vom Weizen zu trennen und zu verbrennen; ein reicher, angesehener Mann lädt Freunde zu einem Gastmahl ein; ein Gutsherr verlangt die Abrechnung von seinem Verwalter; ein alter Patriarch nimmt den davongelaufenen und in der Fremde verlotterten Sohn wieder auf.

Aber die profane Alltäglichkeit betrifft lediglich das Äußere. Die jeweilige Hauptperson der Gleichnisse und Parabeln verhält sich provokant unalltäglich, verstößt gegen eingefleischte Sitten und Normen.

Es ist der Widerspruch zwischen alltäglicher Ausgangssituation und unalltäglichem Verhalten der Protagonisten, der den Geschichten ihre Spannung verleiht und von innen her die scheinbare Normalität aushöhlt. Alles fängt ganz gemächlich an, aber dann entwickelt sich sehr schnell eine Dynamik, die den gemütlichen Bummelzug gewaltig beschleunigt und schließlich zum Entgleisen bringt. Schon nach den ersten Sätzen zeigt sich: Nichts läuft mehr auf den gewohnten Schienen und Schleifen. Die unvermeidliche Entgleisung ist beabsichtigt; der Unfall erweist sich als befreiender Ausbruch:

Ein Mann hatte zwei Söhne... Die Geschichte beginnt wie jede andere auch. Ein paar Sätze weiter ist die heile Welt des Patriarchen zerbrochen: Der jüngere Sohn läßt sich auszahlen und zieht los. Wieder einige Sätze später gerät die Welt der Zuhörer aus den Fugen:

Der Alte nimmt den zurückkehrenden Sohn nicht nur auf, sondern setzt ihn wieder in seine alten Rechte ein.

Ein Weinbergbesitzer wirbt Arbeiter an. Ein normaler Anfang. Wenige Sätze später werden die Weichen so gestellt, daß die Entgleisung unausweichlich ist: Der Besitzer gibt allen den gleichen Lohn, egal, wie lang oder kurz sie gearbeitet haben. In den unerwarteten Wendungen blitzt das Göttliche auf, das ganz Andere, jetzt aber in humaner Variante und darin für die Blinden und Tauben um so unerträglicher.

Tabu und Identität

Gott, der Vater, als Unglück, Gott als Unfall, als Skandal und Katastrophe, auf die jeder insgeheim wartet, damit der enge, verlogene, den Menschen aufgezwungene Alltagsbetrieb endlich zerschlagen wird. Um dann, wenn das insgeheim Ersehnte geschieht, den Verursacher als Störenfried, Spielverderber oder Aufrührer an den Pranger zu stellen.

Zur Stumpfheit des heutigen christlichen Alltagsbetriebes gehört die unermüdliche Beteuerung, Jesus habe die Liebe gepredigt. Das ist unerträglich richtig; man hat es so oft gehört, daß der Stachel gezogen ist; die Botschaft wirkt nicht mehr. Seine Gleichnisse hören auf zu sprechen, wenn wir sie immer nur nach der Botschaft der Liebe abfragen. Beredter werden sie, wenn wir ihre ungewöhnlichen und anstößigen Menschen auf uns wirken lassen[12]. Über diesen Umweg wird etwas vom Humorigen, Skandalösen und Kühnen der jesuanischen Liebe sichtbar, die von anderem Kaliber ist als die entschärfte Ausgewogenheitsliebe der Großkirchen.

Da tritt ein rücksichtsloser Mann auf, der nachts seinem Freund die Tür einhämmert, weil er etwas braucht. Sieben Jungfrauen erwarten den Bräutigam und schlafen dabei ein. Einem Knecht wird eine riesige Schuld erlassen, er aber will gleich darauf eine winzige Summe auf grausamste Weise eintreiben.

Das sind belebend auffällige Gestalten. Aber daneben läßt der orientalische Erzähler Jesus noch ganz andere Figuren auftreten, Kriminelle, Diebe, Gewalttäter und Mörder. Nicht nur, um seinen Geschichten Farbe zu verleihen. Sondern – und darin liegt das skandalös Unchristliche – um dem kriminellen und unmoralischen Verhalten einen positiven Aspekt abzugewinnen. Beispiel: Ein Verwalter wird der Unterschlagung bezichtigt. Sein Arbeitgeber entläßt ihn. Der Verwalter veranlaßt daraufhin die Schuldner seines Chefs zur Urkundenfälschung, genauer: Er erläßt ihnen eigenmächtig einen Teil ihrer Schulden. »Und der Herr«, so überliefert Lukas und meint damit Jesus, »lobte den ungerechten Haushalter, daß er klug gehandelt habe.«

Noch deutlicher springt die Provokation den Hörer in einem Gleichnis an, das nur das Thomasevangelium überliefert: »Jesus sprach: Das Königreich des Vaters gleicht einem Mann, der einen Mächtigen töten wollte. Bei sich zu Hause zog er das Schwert aus der Scheide und durchbohrte die Wand, um zu erkennen, ob seine Hand stark genug sein werde. Dann tötete er den Mächtigen« (Thomas 98).

Der Hamburger Neutestamentler Claus-Hunno Hunzinger kommentiert: »Die Kühnheit dieses Wortes ist eigentlich nur Jesus selbst zuzutrauen, der ja auch sonst nicht davor zurückschreckt, moralisch bedenkliche Gestalten zum Gegenstand eines Gleichnisses zu machen.«[13]

Hunzinger interpretiert: »Selbst dieser Attentäter geht nicht ans Werk, ohne sich darüber Klarheit verschafft zu haben, ob seine Hand auch stark genug sein wird. Sollte Gott etwas in Gang gesetzt haben, was durchzuführen seine Hand nicht stark genug wäre? Undenkbar! Gott weiß, was er tut, und wird sein Vorhaben durchsetzen.«[14]

Mit der Entschlossenheit eines Attentäters, so scheint es. Und ausgestattet mit der Klugheit seines Sohnes, der empfiehlt: »Jeder, der meine Worte hört und sie befolgt, ist einem klugen Manne zu vergleichen, der sein Haus auf Felsgrund gebaut hat. Da stürzte der Platzregen herab, die Ströme ergossen sich, die Winde brausten und prallten gegen das Haus – doch es stürzte nicht zusammen; denn es hatte festen Grund auf dem Felsen« (Matthäus 7,24ff).

Die Lust am Herstellen ganz und gar unerwarteter Situationen, diese Freude am Austeilen von Ohrfeigen, die den christlich erschlafften Kreislauf erst zur wahren Lebendigkeit wecken, teilen die Figuren der Gleichnisse mit ihrem Erfinder Jesus. So, wie er sie in seiner Phantasie agieren läßt, tritt er in Wirklichkeit selber auf. Darin spiegelt sich ein Charakterzug, der die stereotyp hervorgestrichene Liebe erst pointiert: Risikobereitschaft. Jesus gehört zu der Kategorie des religiösen Abenteurers. Solche Geschichten in der Öffentlichkeit, vor seinen Gegnern zu erzählen zeigt, wie viel Jesus riskiert, anders als die meisten seiner späteren, durch Institutionen oder Beamtentum abgesicherten Nachfolger. Aber es sollte nicht übersehen werden, welche Hochstimmung der Eintritt in die gefährliche Zone beschert. Nur anbetende Blindheit kann den tiefen Lustgewinn übersehen, der dieser Lebenshaltung entspringt. Nicht ohne Grund spricht Jesus von seiner Freude, aber nie von seiner Langeweile.

Seine Freude ist leider schon längst aus den Kirchen ausgezogen, um der unverzeihlichsten aller Langeweilen Platz zu machen, der christlichen. Was ist der Grund dieser Langeweile? Die schlichte Tatsache, daß zu wenig riskiert wird in einer Kirche, die ihren Gläubigen unablässig die Botschaft einhämmert, sie seien ein für allemal erlöst, es stehe letztlich nichts mehr auf dem Spiel, das Wichtigste und Entscheidende sei schon vor zweitausend Jahren erkämpft und errungen worden. Die Lebenslust, die Jesu Gleichnisse durchtränkt, entspringt seinem unwiderstehlichen Antrieb, sich in die Gefahrenzone zu begeben. Ihn zieht es nicht dorthin, wo das

Leben heil, geordnet, ritualisiert und abgesichert vorgelebt wird. Er will über eine ganz andere Schwelle treten: über die Schwelle des Tabus. Und deswegen läßt er auch seinen Vater die Tabuschwellen überschreiten.

Das Wort Tabu bezeichnet einen Bereich des Heiligen und Unantastbaren. Das, was geheiligt ist, ist auch gefährlich. Was gefährlich ist, ist auch verlockend. Jesus ist von einem offensichtlich lustvollen Drang erfüllt, Tabus zu verletzen. Wir neigen dazu, seine Barmherzigkeit und Liebe zu den Armen und Verlorenen zu propagieren, und sehen in ihm den milden, guten Hirten, der seinem verirrten Schaf nachläuft.

Dieses sanfte Jesusbild verharmlost das Ausmaß des Frevels, dessen sich Jesus in den Augen vieler seiner Zeitgenossen schuldig machte, als er zu den Parias und Ausgespuckten ging, zu den Niedrigen, den Armen und den Sündern, um Gott dort zu finden. Heute, zweitausend Jahre danach, gehört diese Eigenart Jesu zu den Stereotypen, die niemanden schrecken, vorausgesetzt, es bleibt bei der Verkündigung dessen, was damals geschah. Sobald allerdings ein Bischof Terroristen im Gefängnis besucht, zeigt sich, daß das Tabu, die Abgrenzung eines verbotenen Bezirks, lebendig wie eh und je ist.

»Das Tabu«, schreibt Freud, »ist ein uraltes Verbot, von außen (von einer Autorität) aufgedrängt und gegen die stärksten Gelüste des Menschen gerichtet. Die Lust, es zu übertreten, besteht in deren Unterbewußtem fort; die Menschen, die dem Tabu gehorchen, haben eine ambivalente Einstellung gegen das vom Tabu Betroffene.«[15]

Gegen die Lust, das Verbotene zu tun und die Schwelle zu überschreiten, steht die Angst vor dem Zorn des Gottes, vor einer Rache, die tötet. Der Bischof, der die Terroristen besucht, erleidet die Strafe und den Zorn, indem er nun selber von den Hütern des Tabus zum Terroristen, zum Ausgestoßenen gestempelt wird, der, wie sie, das Todesurteil verdient hat. Nicht nur, weil er formal das Verbot übertreten hat, sondern weil er sich herausgenommen hat, etwas zu tun, was auch die Tabuhüter insgeheim gern tun würden, könnten sie nur ihre Angst überwinden und das selbstgezimmerte Gefängnis verlassen, in das sie sich eingesperrt haben.

Ähnlich mutig, risikobereit und vom Wunsch angetrieben, Angst lustvoll zu überwinden, hat Jesus das Gefängnis enger Beschränkung verlassen und ist zu den Verlorenen, Verurteilten und Unberührbaren gegangen. Er hat das Tabu auf mehrfache Weise verletzt, indem er provozierende Geschichten erzählte und provozierend handelte, indem er den Vater und sich als Provokateure darstellte. Sein Diktum: »Ich und der Vater sind eins« wird nirgendwo deutlicher als in der solidarischen Art, wie beide, Vater und Sohn, sich verhalten.

Diese solidarische Einheit sticht besonders in den Gleichnissen hervor. Wichtig in den Gleichnissen ist nämlich nicht, wer die Personen sind, sondern was sie tun[16]. Die eigentliche Pointe der meisten Gleichnisse liegt in der veränderten Beziehung der Protagonisten. Sie haben eine Entscheidung getroffen, durch die ihre Beziehung eine andere geworden ist: Der Vater nimmt den verlorenen Sohn wieder auf, der barmherzige Samariter nimmt sich des Verwundeten an, der Weinbergbesitzer zahlt allen den gleichen Lohn und zieht sich den Zorn der frühen und die Liebe der späten Arbeiter zu.

Im Mittelpunkt der Gleichnisse Jesu stehen Personen und ihre Beziehungen – wie im Mittelpunkt seines Lebens. Die Gestalten, die der Erzähler Jesus erfunden hat, die Figuren seiner Gleichnisse und die eine zentrale Figur, die alle überstrahlt, sein Vater, diese schönste und tiefste seiner Erfindungen – sie zeigen, in welchem Maße es Jesus gelungen ist, seine Identität zu finden. In ihnen beantwortet sich seine alte, schmerzvolle Frage »Wer bin ich?« durch das Handeln, und die Frage »Was soll ich tun?« ergibt sich aus dem vom Vater erleuchteten Sein. Sein und Handeln fallen nicht auseinander. Das Dilemma von Josef ist überwunden.

Epilog

Jesu zerschmetterte Hoffnung auf den Vater glimmt nach in einigen versprengten Sätzen, die Markus überliefert hat: »Amen, ich sage euch, diese Generation wird gewiß nicht vergehen, bis dies alles geschieht« (13,10); »Amen, ich sage euch, es sind einige unter denen, die hier stehen, die werden den Tod nicht schmekken, bis sie die Herrschaft Gottes sehen gekommen in Kraft« (9,1); »Vom Feigenbaum lernt ein Gleichnis. Wenn seine Zweige schon zart werden und Blätter treiben, so erkennt man, daß der Sommer nahe ist. So auch ihr: Wenn ihr dies geschehen seht, so erkennt, daß er nahe vor der Tür steht« (13,28f).

Während ich dies schreibe, hängt die silberne Mondsichel am Himmel. Es ist derselbe Mond, den Jesus gesehen hat. Erhaben und menschenfern ist er seither auf- und untergegangen, und die kosmische Gleichgültigkeit, mit der er seine Bahn zieht, bietet sich als verlockendes Gleichnis für einen Gott an, der uns nichts verspricht und deswegen nicht enttäuscht, der in geheimnisvoller Überlegenheit seinen Wegen nachgeht, die mit unseren nur sehr wenig gemein haben. Diesen Gott könnten wir bewundern und anbeten. Wir könnten vor ihm Gefühle schlechthinniger Abhängigkeit und Ehrfurcht empfinden. Lieben könnten wir ihn nicht... Denn dazu wäre er zu anders, zu weit weg, zu erhaben. »Gott interessiert sich nicht für den Menschen.« Ich höre diesen Satz, wenn ich den Mond anschaue. Ich empfinde dabei keinerlei Angst oder Kälte, im Gegenteil – er beruhigt mich. Sobald ich das Neue Testament aufschlage, ist es mit dem erhabenen Gott vorbei. Erst recht mit der Ruhe. Ich werde in ein aufreibendes Durcheinander gezwungen, das meine tiefsten Wünsche und Sehnsüchte anrührt und aufwühlt. Maßloses wird versprochen, ungeheuerliche Erwartungen geweckt, deren Dynamik sich an keiner Grenze erschöpft.

Es gibt für mich inmitten dieses Tohuwabohus entfesselter Gefühle nur einen Orientierungspunkt, der mich daran hindert, das Neue Testament als eine gigantische, von Realitätsprüfung unberührte Wunschphantasie infantil gebliebener Schwärmer zu lesen: die Leidensbereitschaft des Sohnes Jesus. Wenn es überhaupt einen Gottesbeweis geben kann, dann ist es seine Treue zum Vater auch im Augenblick der größten Verlassenheit.

Daß der Weg zum Vater Jesu übers Leiden führt, haben im Neuen Testament am ersten die Frauen begriffen. Ihnen kann man nicht so leicht wie den Männern vorhalten, sie seien zur Trauer unfähig.

Ich glaube nicht an eine heilsgeschichtliche Notwendigkeit des Leidens Jesu. Jedes konstruierte »Damit« erscheint mir als Blasphemie, die im nachhinein das Entsetzliche noch einmal gutheißt.

Aber auch wenn ich mich weigere, im Tod des Sohnes am Kreuz etwas Sinnvolles zu sehen, will es mir nicht über die Lippen gehen zu sagen, dieser Tod sei sinn*los* gewesen. Dieses Urteil setzt ja voraus, ich wüßte, wie

140

Sinn und Unsinn verteilt sind. Jenseits von Sinn und Unsinn kann ich den Leidensweg des Bruders Jesus auf mich wirken lassen. Immer, wenn ich das tue, rückt er mir nahe.

Wer ist Jesus, wer ist sein Vater? Wer und was auch immer sich durch den Sohn ausgesprochen hat, welche Wirklichkeit auch immer durch Jesu Projektion hindurchgewandert ist, es ist eine Stimme, deren Verheißungen Wünsche wecken, die nicht mehr zu unterdrükken sind. Eine gefährliche Stimme. Nur wenige Menschen, so will es mir scheinen, sind der Unbedingtheit ihrer Verheißungen gewachsen. Das Glück, das sie verspricht, ist ohne die Bereitschaft, sich verwunden und enttäuschen zu lassen, nicht zu haben. Die Angst vor Verletzungen, vor alten und neuen Schmerzen, ist das größte Hindernis.

Verglichen damit scheint eine andere Frage weniger wichtig zu sein: ob für eine vaterlose Gesellschaft am Ende des Patriarchats die Metapher von Gott als Vater noch produktiv ist. Ich glaube das nicht, und auch das Gegenbild einer Göttin oder Gottmutter wird nach meiner Auffassung die Verstaubtheit des christlichen Gottesbildes nicht aufheben. Ob Vater oder Mutter – wir bleiben die Kinder. In einer Welt, in der solche Rangordnungen sich mehr und mehr aufs Biologische reduzieren, sind solche Bilder der elementaren Kraft Gottes nicht mehr adäquat. Sie erinnern an Kinderkleider, die wir schon längst abgelegt haben.

Es wird Zeit, die alten Bilder abzuhängen und neue

zu entwerfen. Das nostalgische Festklammern an Bildern aus einer vergangenen Welt zeigt, wie leicht aus Gott ein Götze werden kann. Jesus ist zeitlebens Sohn geblieben. Aber Jesus war der Anfang. Die Geschichte, die mit ihm begonnen hat, ist noch lange nicht zu Ende. Gott ist mehr als ein Vater. Und wir mehr als seine Kinder. Es wird Zeit, erwachsen zu werden.

Anmerkungen

1 Aus: C. Borgogno / G. Gandolfo, Hrsg.: Gebet der Kirchenväter. München/Zürich, Wien 1984, S. 26.

2 Alexander Mitscherlich: Auf dem Weg zur vaterlosen Gesellschaft. München 1963, S. 387.

3 Ebd., S. 387.

4 Ebd., S. 218.

5 Helm Stierlin: Das Tun des Einen ist das Tun des Anderen. Frankfurt 1976, S, 94 f.

6 Alice Miller: Du sollst nicht merken. Frankfurt 1983, S. 125.

7 Samuel Krauss: Das Leben Jesu nach jüdischen Quellen. Berlin 1902, Hildesheim 1977.

8 Alexander Mitscherlich: Auf dem Weg zur vaterlosen Gesellschaft. München 1963, S. 273.

9 Zitat ebd., S. 273.

10 Schalom Ben-Chorin: Mutter Mirjam. Maria in jüdischer Sicht. München 1982. S. 103 ff.

11 Marianne Krüll: Thomas Mann – Sohn eines Vaters und Vater eines Sohnes, in: Siegfried Rudolf Dunde, Hrsg.: Neue Väterlichkeit. Gütersloh 1986, S. 116 ff.

12 Vergleiche zum Folgenden: Tim Schramm/Kathrin Löwenstein, Unmoralische Helden. Anstößige Gleichnisse Jesu. Göttingen 1986.

13 C.-H. Hunzinger: Unbekannte Gleichnisse Jesu aus dem Thomas-Evangelium, in: Judentum–Urchristentum–Kirche, FS für J. Jeremias, 1960, S. 212.

14 Ebd, S. 217.

15 Sigmund Freud, Gesammelte Werke, Bd. IX, S. 45.

16 Vergleiche zum Folgenden: Sallie McFague, Metaphorische Theologie, in: Erinnern, um Neues zu sagen. Die Bedeutung der Metapher für die religiöse Sprache, herausgegeben von Jean-Pierre van Noppen. Frankfurt 1988.

Ezzelino von Wedel

Bonjour, mon amour

Buchreihe »Kleine Bibliothek der Muße«

96 Seiten, gebunden · ISBN 3-268-00058-4

»Muße ohne Erotik — das gibt es gar nicht. Erotik ohne Muße — das geht erst recht nicht.« Erzählerisch und reflektierend, poetisch und beobachtend enfaltet Ezzelino von Wedel das Thema Erotik und Liebe. Mit der Entdeckung der Muße entdecken wir auch unsere in der Hektik des Alltags verkümmerten Sinne neu, öffnen wir uns dem erotischen Spiel von Verzögerung und Spannung.

Johannes Thiele

Madonna mia

Maria und die Männer

Buchreihe »Tabus des Christentums«

96 Seiten, kartoniert
ISBN 3-7831-1019-X

Kaum etwas ist heute so tief tabuisiert wie das religiöse Gefühl. Die Kritik am Marienkult, wie sie von feministischer Seite, aber auch im modernen Katholizismus selbst laut geworden ist, hat »Unsere liebe Frau« in den Hintergrund gedrängt. Aber gerade für Männer ist Maria ein Symbol, das sie begleiten kann auf dem Weg zu einer differenzierten Wahrnehmung des Weiblichen und echter Religiosität.

Kreuz Verlag